[新装版]

主体的・対話的で深い学びの環境とICT

アクティブ・ラーニングによる資質・能力の育成

久保田 賢一・今野 貴之 編著

東信堂

まえがき

　本書は、理論と実践を共に示し、ICT を活用した主体的・対話的で深い学び（アクティブ・ラーニング）を実践するためには、どのような環境を準備したら良いのか、新しい機器や方法をどのように活用したらよいのか、それらを考えるための材料を提供することを目的として執筆されました。対象とする読者は、初等中等教育の教員を目指す学生、大学院や現職の教員で上記の点について悩まれている方々です。

　各章では、現在の教育改革の流れの中で、どのような問題点があるのか、それを解決するにはどのような学習環境が求められるのかの観点を踏まえ、それぞれの執筆者の研究領域や経験をもとに執筆されています。

　本書の執筆者は、理論だけでも実践だけでもなく、その双方にかかわってこられた方々です。自分たちで実践を作り上げながら、そして時には失敗しながら、「主体的・対話的で深い学びの環境づくりには何が必要なのか」について悩まれてきました。そして、各章において、目の前にある実践を一つひとつ丁寧に見つめながら、これまでの先人たちの知恵を合わせて、それらを少しずつ言葉として編んできました。

　ところで、世の中にはびこる情報にはバイアス（偏見）があり、このバイアスが ICT を活用した実践のイメージに影響していると考えられる。たとえば、ICT を活用した授業やアクティブ・ラーニング、主体的・対話的で深い学びなどのキーワードをもとにした授業例を検索すると多くの事例が見つかります。それらは、具体的な手法やテクニックに関する成功事例を中心として説明されています。

　一方、学校現場において教師がどんなことに悩んでいるのか、実践を行うまではどのような過程を経たのか、試行錯誤したけれどうまくいかなかった事例は何かなど、それらを探そうとしてもほとんど見つかりません。それぞれの実践において留意点は示されているものの、そのほとんどは ICT をこのように使用すると効果があります、こうするともっと良い実践になります

という成功事例が取り上げられています。成功事例を載せるのがよくないということではないのですが、それらを通してICTを用いた授業や、ICTを活用したアクティブ・ラーニングの実践のイメージがつくられてしまっているのではないでしょうか。

どのような教育事例を載せるにしても、それに至るまでには長い時間と労力をかけた理論構築やICT環境の整備がおこなわれています。また個々の実践ならば指導案作成、教材研究が幾度となく繰り返されています。大事なのはそれらの成功も失敗も踏まえた情報が示されることが望ましいのではないでしょうか。

しかし、残念ながらうまくいかない部分や悩んだ過程は割愛されて、効果があったとされる部分や目立った特徴のある部分のみが切り取られ、それらの情報が伝わっていきます。このように、世の中にはびこる情報は成功事例が取り上げられやすいというバイアスがあります。

本書は、主体的・対話的で深い学びの環境づくりのためにICTをどのように用いることができるのか、成功事例やその考え方のみを集めた（バイアスのかかった）ものではありません。日常生活においてICTが生活の一部になっている中で、各執筆者の研究領域や経験を踏まえて、「教育」と「ICT」の二つを組み合わせて考えることで、こんな面白いことや、おそらくこんな問題が起こるではないかということが書かれています。さらに、それらの対処（デザイン）の提案も各章でまとめられています。

最後に、より良い授業の方法についてのマニュアルを読んで、その通りに実行するのではなく、私たち自身が主体的に環境に働きかけ、対話を重ねていくことを通してより良い学習活動に参加していくことが必要であると考えています。そのきっかけとなることを願い、各章の終わりには「今後の課題や読者の方々に対して投げかける問い」と「さらに勉強したい人のための文献案内」を載せています。読者の皆さんがそれらを参照し、身近な課題に対する具体的な一歩を踏み出す一助となれば幸いです。

2018年4月

今野貴之

目次／主体的・対話的で深い学びの環境と ICT［新装版］

用語集

ICT

　情報通信技術 (Information and Communication Technology) の総称。教育現場で用いられる ICT として、たとえば実物投影機 (書画カメラ)、大型モニタ・スクリーン・電子黒板・PC・タブレット PC などのハードウェアを指す場合と、ビデオチャット (テレビ会議システム)・文章作成アプリ・教育関連アプリなどのソフトウェアを指す場合がある。

　なお、ICT の教育利用に関する各省庁の調査研究や事業がある。2010 年には総務省が主導して「フューチャースクール推進事業」を実施した。これはインターネット、電子黒板、タブレット PC などの ICT を活用した協働教育の推進に関する調査研究であった。また、2011 年には文部科学省が主導した「学びのイノベーション推進協議会」が実施された。ICT を活用して子どもたちが主体的に学習する「新しい学び」を創造するための実証研究である。これらの調査研究は、教育方法だけで学習成果が決まるわけではなく、子どもの学びをどう捉え、いかなる教育のゴールのために方法を選び取っているかが重要であることを述べている。

　これらの後、クラウド・コンピューティング技術など最先端の情報通信技術を活用し、先導的な教育体制の構築に資する研究等を行う「先導的な教育体制構築事業」や、総務省「スマートスクール・プラットフォーム実証事業」、文部科学省「次世代学校支援モデル構築事業」などが継続して進められている。

情報活用能力

　情報活用能力とは、文部省が 1998 年に初等中等教育における系統的・体系的な情報教育の在り方として「情報活用の実践力」「情報の科学的な理解」「情報社会に参画する態度」の 3 観点にまとめたものである (文部省 1998)。そして 2006 年には、それらを「3 観点 8 要素」に詳細化した (**表 0-1**)。

表 0-1　情報活用能力の 3 観点と 8 要素

情報活用の実践力	・ 課題や目的に応じた情報手段の適切な活用 ・ 必要な情報の主体的な収集・判断・表現・処理・創造 ・ 受け手の状況などを踏まえた発信・伝達
情報の科学的な理解	・ 情報活用の基礎となる情報手段の特性の理解 ・ 情報を適切に扱ったり、自らの情報活用を評価・改善するための基礎的な理論や方法の理解
情報社会に参画する態度	・ 社会生活の中で情報や情報技術が果たしている役割や及ぼしている影響の理解 ・ 情報モラルの必要性や情報に対する責任 ・ 望ましい情報社会の創造に参画しようとする態度

（文部科学省 2006）

　2017 年（平成 29 年）に改訂された学習指導要領では、「学習の基盤となる資質・能力」として教科を横断して育成する必要性が強調されるとともに、3 観点 8 要素を再整理する議論も始まっている。

　情報活用能力はその内容を「知識」としてではなく、「資質・能力」として捉えている。それらの育成においては、「知識」を「使って」学習者自身が活動することを通し、世の中のことについて理解を深めたり、さらなる活動を行ったり、信念を変えたりしていくことをねらっている。この情報活用能力は「情報リテラシー」と同じ意味でも用いられている。

教育の情報化

　教育の情報化は、次の 3 つの側面を通して教育の質の向上を目指している（文部科学省 2010）。

① 情報教育（子どもたちの情報活用能力の育成）

② 教科指導における情報通信技術の活用（情報通信技術を効果的に活用した、分かりやすく深まる授業の実現等）

③ 校務の情報化（教職員が情報通信技術を活用した情報共有によりきめ細かな指導を行うことや、校務の負担軽減等）

知識基盤社会

　2005 年（平成 17 年）の中央教育審議会答申「我が国の高等教育の将来像」において「知識基盤社会の情報リテラシー」が示された。21 世紀は「新しい知識・

情報・技術が政治・経済・文化をはじめ社会のあらゆる領域での活動の基盤として飛躍的に重要性を増す社会」、つまり「知識基盤社会 (knowledge-based society)」の時代であると定義され、以下の 4 つの項目が挙げられている (中央教育審議会 2005)。

(1) 知識には国境がなく、グローバル化が一層進む。

(2) 知識は日進月歩であり、競争と技術革新が絶え間なく生まれる。

(3) 知識の進展は旧来のパラダイムの転換を伴うことが多く、幅広い知識と柔軟な思考力に基づく判断が一層重要になる。

(4) 性別や年齢を問わず参画することが促進される。

アクティブ・ラーニング (A.L.)

　中央教育審議会は A.L. の意義を子どもたちが単に「知っている」というだけではなく、「知っていることをどのように使って社会とかかわり、より良い人生を送っていけるか」ということに視点を当てることが重要だと述べている。2016 年には学習指導要領改訂に向けての答申が出され、A.L. という言葉に変わり、「主体的・対話的で深い学び」が提起された。この言葉は、A.L. の視点として、3 つの観点から学習を捉えることを提案している。

○「論点整理」における A.L. の視点

【深い学び】

　習得・活用・探究という学習プロセスの中で、問題発見・解決を念頭に置いた深い学びの過程が実現できているかどうか。

【対話的な学び】

　他者との協働や外界との相互作用を通じて、自らの考えを広げ深める、対話的な学びの過程が実現できているかどうか。

【主体的な学び】

　主体的に学ぼうとするとき、学びに対する意欲が生じている。課題についてもっと知りたい、なぜそうなるのか考えたいという気持

> ちに動かされている。課題が明確になり、自分ごとになっていること。
>
> （文部科学省 2016）

　生涯学習を視野に入れ、「学び」という営みは学校を卒業した後も継続的に行われるものであるという前提に立ち、自分で興味・関心をもって主体的に学ぶこと、周りの人たちとの対話を通して協働的に社会にかかわることで、深く物事を理解し、課題に取り組み解決に向けて努力することを目指している。

主体的・対話的で深い学び

　学習指導要領では、それぞれの学びは次のように定義されている。

　　主体的な学び：学ぶことに興味や関心を持ち、自己のキャリア形成の方
　　　　向性と関連付けながら、見通しをもって粘り強く取り組み、自己の
　　　　学習活動を振り返って次につなげる

　　対話的な学び：子供同士の協働、教職員や地域の人との対話、先哲の考
　　　　え方を手掛かりに考えること等を通じ、自己の考えを広げ深める

　　深い学び：習得・活用・探究という学びの過程の中で、各教科等の特質
　　　　に応じた「見方・考え方」を働かせながら、知識を相互に関連付け
　　　　てより深く理解したり、情報を精査して考えを形成したり、問題を
　　　　見いだして解決策を考えたり、思いや考えを基に創造したりするこ
　　　　とに向かう

　　　　　　　　　　　　　　文部科学省（2017）学習指導要領解説　総則編

　学習指導要領において求められる学習とは、児童・生徒が学びたいと感じる課題にアプローチし、他者とかかわりながら探究的に学習することにより、知識がより構造的に理解されたり、新たな解決策が生まれたり、自分の考えをつくったりするような学習である。

21世紀型スキル

　21世紀型スキルは国際団体ATC21sによって定められた、デジタル時代となる21世紀以降必要とされるリテラシー的スキルである。ICTリテラシーを中心とした21世紀型スキルとしては、4つのカテゴリーに分類される10個のスキルを定義している。

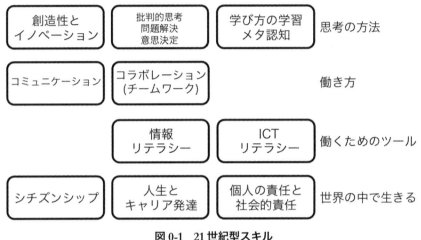

図0-1　21世紀型スキル

（グリフィン・マクゴー・ケア 2014）

ICTリテラシー

　ICTリテラシーとは、効果的に社会に参加するために、情報にアクセスし、評価・管理し、新たに理解を深め、他者とコミュニケーションするために、一人ひとりが適切にICTを使う能力である（グリフィン・マクゴー・ケア 2014）。伝統的な読み・書き・計算を超えて広がる情報・知識活用能力が、新たなアプローチとして強調された能力であるともいえる。

21世紀型能力

　21世紀型能力は、「生きる力」としての知・徳・体を構成するさまざまな資質能力から、とくに教科・領域横断的に学習することが求められる能力を汎

用的能力として抽出し、それらを「基礎」「思考」「実践」の観点で再構成した
ものであり、**図 0-2** のように、「思考力」、「基礎力」、「実践力」から構成される
（国立教育政策研究所 2012）。

- 基礎力とは、言語的リテラシー、数量的リテラシー、情報リテラシー
  を身につけるために、それらの知識と技能の習熟をめざす能力であ
  る。
- 思考力とは、上記の基礎力をもとに、思考力（記憶、理解、応用、分
  析、評価、創造）を育成することであり、論理的・批判的思考力、問
  題発見解決力・創造力、メタ認知から構成される。
- 実践力とは、知識と思考力を実生活・実社会で活用し、いかに行為
  すべきかを決定し、実際に問題を解決していくための力である。

図 0-2　21 世紀型能力

（国立教育政策研究所 2012）

キー・コンピテンシー

　キー・コンピテンシーとは、OECD が 1999 年〜 2002 年にかけて行った「能力の定義と選択」(DeSeCo) プロジェクトの成果で、多数の加盟国が参加して国際的合意を得た新たな能力概念である（国立教育政策研究所 2017）。言葉や道具を行動や成果に活用できる力（コンピテンス）の複合体として、人が生きる鍵となる力、キー・コンピテンシーが各国で重視され始めた。

　OECD の DeSeCo プロジェクトでは、12 の加盟国からの今後どのようなコンピテンシーが重要となるかのレポートを得て、その結果を教育学から哲学、経済学、人類学など学際的な討議を行い、以下の**図 0-3** に示すような 3 つのコンピテンシーを作成した。

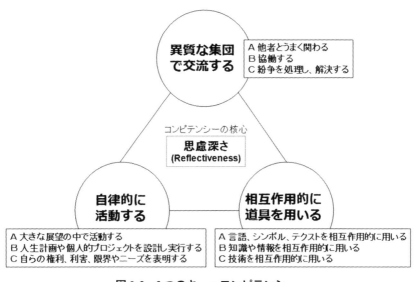

図 0-3　3 つのキー・コンピテンシー

（国立教育政策研究所 2007）

資質・能力

　コンピテンシーあるいはコンピテンスの日本語訳である。「資質」も「能力」も多義的に幅広く使われる概念であるために混乱を起こしやすい用語である。

　本書では松下（2016）を参考に以下の意味で用いる。

能力は知識 (内容) と対で使われることがある。たとえば、知識より汎用的な能力 (ジェネリックスキル) の方が重要というような場合である。これを「能力 1」とする。次に、「資質・能力」のように資質と対で使われることがある。これを「能力 2」とする。さらに資質も含み込んで使われることもある。これを「能力 3」とする。

キーコンピテンスの概念は、知識、スキルだけでなく態度、価値観・倫理など、資質にかかわるものまで含まれている。こうした考え方は多くのコンピテンス (コンピテンシー概念) に共通している。

このように「資質・能力」は**図 0-4** に示すような入れ子構造をもつ。

能力 = doing (できる)、スキル
資質 = being (価値、選好、態度など、あるいは人格、性格)

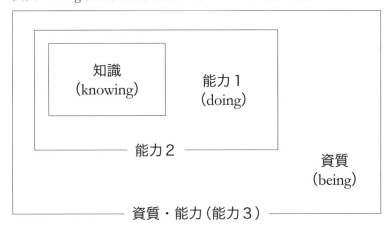

図 0-4 「資質・能力」の入れ子構造

(松下 2016)

参考文献
経済産業省 (2006)「社会人基礎力」http://www.meti.go.jp/policy/kisoryoku/ (参照日 2017.11.30)
中央教育審議会 (2005)「我が国の高等教育の将来像 (答申)」http://www.mext.go.jp/b_menu/shingi/chukyo/chukyo0/toushin/05013101.htm (参照日 2017.11.30)
国立教育政策研究所 (2012)「平成 24 年度プロジェクト研究調査研究報告書 社会の変化

に対応する資質や能力を育成する教育課程編成の基本原理」https://www.nier.go.jp/ kaihatsu/pdf/Houkokusho-5.pdf (参照日 2017.11.30)

国立教育政策研究所 (2017)「キー・コンピテンシーの生涯学習政策指標としての活用可能 性に関する調査研究」https://www.nier.go.jp/04_kenkyu_annai/div03-shogai-lnk1.html (参照日 2017.11.30)

松下佳代 (2016)「資質・能力の形成とアクティブ・ラーニング」日本教育方法学会編『アク ティブ・ラーニングの教育方法学的検討』日本教育方法学会

溝上慎一 (2014)『アクティブラーニングと教授学習パラダイムの転換』東信堂

文部省 (1998)「情報化の進展に対応した初等中等教育における情報教育の進展等に関する 調査研究協力者会議 最終報告」

文部科学省 (2006)「初等中等教育の情報教育に係る学習活動の具体的展開について」

文部科学省 (2010)「教育の情報化の推進」http://www.mext.go.jp/a_menu/shotou/zyouhou/ detail/1369603.htm (参照日 2017.11.30)

文部科学省 (2016)「学習指導要領」

文部科学省 (2017)「学習指導要領解説 総則編」

Griffin, P., McGaw, B., Care, E., Eds. (2012) *Assessment of Teaching of 21st Century Skills*, Springer Netherlands.= 三宅なほみ監訳 (2014)『21 世紀型スキル 学びと評価の新たな かたち』北大路書房

［新装版］

主体的・対話的で深い学びの環境と ICT

──アクティブ・ラーニングによる資質・能力の育成──

第一部

初等中等教育における ICT を活用した教育

第 1 章　21 世紀に求められる能力と ICT を活用した学習環境

久保田 賢一・今野 貴之

1　はじめに

　私たちの社会はどのような未来に向かっているのだろうか。未来を描写した頭字語 VUCA は、不安定さ (Volatility)、不確実性 (Uncertainty)、複雑さ (Complexity)、そして曖昧さ (Ambiguity) を表している。それは、未来の状況はますます予測困難になり、統制することが難しくなっていることを警告しているのである (Fadel *et al.* 2015)。テクノロジーの急速な発展、経済活動のグローバル化など、社会が大きく変化する中、現代社会が必要とする人材像も変化してきた。本章では、21 世紀に求められる能力とは何か、それを育成するにはどのような学習環境が求められるかを検討する。

2　知識基盤社会の進展

　人類の歴史は、狩猟採集の社会から、農耕社会、産業社会、そして知識基盤社会へと発展してきた。知識基盤社会と呼ばれる現代は、加速度的に変化する社会である。それは、新しい知識・情報・技術が政治、経済、産業等、社会のあらゆる領域において、活動の基盤として飛躍的に重要性が増している社会である。テクノロジーの進展による情報爆発、急速にグローバル化する経済活動、国境を超えた人の移動の増加など、社会は複雑化し 10 年先の未来を予測することも難しくなってきた。

　社会が急速に変化するのに伴い、社会で求められる人材像も大きく変わってきた。農耕社会では、畑や田んぼでの過酷な労働に耐えられる強靭な肉体

をもつ人材が、産業社会では工場のベルトコンベアの前で長時間のルーティ
ン作業ができる人材が求められた。知識基盤社会では、どのような人材が求
められるのであろうか。

　テクノロジーの発展により、人々の仕事内容は大きく変化してきた。知識
基盤社会において、農業は機械化され、工場は人件費を低く抑えられる開発
途上国に移転したため、多くの人たちはオフィスで働くようになってきた。
さらに AI（人工知能）やロボットの開発で、定型的な仕事はそれらが取って
代わるようになった。AI を使って自動運転する車や無人の工場で 24 時間作
業するロボットはもう夢物語ではない。運転手や工場労働者だけでなく、レ
ストランのウェイター、スーパーのレジ係、集金をする人など、これまで人
手が必要だった職業の需要も大きく減少していくことが見込まれる。ロボッ
トを導入したホテル、無人のコンビニエンスストアはすでに営業を始めてい
る。

　小学校に通っている子どもたちの半分以上は、現在は存在しない仕事に就
くことになるだろうと予測されている。テクノロジーの発展により社会が大
きく変化する中、新しい社会のニーズに合った人材の育成が求められるが、
現在存在しない仕事に就くために必要な能力とはいったいどのようなものな
のだろうか。

3　21 世紀に求められる能力

⑴　キーコンピテンシー・21 世紀型スキル

　世界の国々では、新しい時代に求められる能力とはどのようなものである
か模索し、21 世紀に求められる能力を定義づけている。たとえば、イギリ
スではキー・スキル、アメリカでは 21 世紀型スキル、オーストラリアでは
汎用的能力と名づけられ、教育改革を推し進めようとする動きが、世界的な
潮流になっている（松尾 2015）。「21 世紀に求められる能力」の名称として、日
本においても「リテラシー」、「スキル」、「コンピテンシー」をはじめ、「生きる
力」、「汎用的能力」、「資質・能力」などさまざまな用語が使われるが、これら

の用語をどのように理解したら良いか、教育改革を実践しようとする学校や教師の間でも混乱している。

　これまでの学校教育では、「何を知っているか」が重要でありそれが評価されてきた。しかし、知識基盤社会では単に知っているというだけでは十分ではない。知識は日々刷新され、学校で学んだ知識が社会に出たときに、果たしてどれほど役に立つのか疑問視されるようになった。知識を習得していることに加え、その知識を問題解決のために活用することができるかが問われている。

　つまり「21世紀に求められる能力」とは、実社会で起きている問題に自ら取り組み、解決に向けて働きかけることのできる実践力である。たとえば、OECD が提案している「キー・コンピテンシー」は、3 つのカテゴリーを示し、それぞれに下位のカテゴリーを提案している（用語集を参照）。アメリカを中心に展開する 21 世紀型スキルパートナーシップ（21st century skills partnership21: ACT21s）は、「21 世紀型スキル」と名づけ、4 つのカテゴリーとその下位の 10 のスキルに分類している（用語集を参照）。これらの能力の特徴は、知識やスキルに加え、態度や価値観、コミュニケーション力など、認知的側面だけでなく、社会情動的側面も重要な要素として付け加えている点である。知識基盤社会においては、他者と協働し社会の課題について相互作用的な関係をもちつつ、解決のための活動を継続的に展開していくことが求められる。そのためには学校を卒業した後も自律的に生涯を通して学び続けることが必要である。キー・コンピテンシーや 21 世紀型スキルを始めとした「21世紀に求められる能力」は、未来の社会を生き抜くために不可欠な能力として、世界の国々はその育成に向けて教育改革を進めている。

⑵　情報活用能力

　「21 世 紀 に 求 め ら れ る 能 力」で は、情 報 通 信 技 術（Information and Communication Technology: ICT）を使いこなし、情報を処理する力は重要なカテゴリーの一つとして取り上げている。その名称は国や組織により異なり、情報活用能力や ICT リテラシー、情報リテラシー、メディア・リテラシー

など多様な用語が当てられている。用語によってその意味するところに多少の差異はあるが、基本的には、ICT を活用して情報を収集・編集・発信していく能力と捉えることができる。このような情報活用能力の育成はこれからの社会において重要であることが世界的にも確認されている。

　しかし、情報活用能力が子どもたちに十分に育成されていないことが問題視されている。2014 年に実施された調査において、情報活用能力の二つの問題点が示された。第 1 に、子どもたちは整理された情報を読み取ることはできるが、複数のウェブページから目的に応じて、特定の情報を見つけ出し関連づけることが苦手なことである。第 2 に、収集した情報を整理・解釈し、受け手の状況に応じて情報発信することが十分でないことである。つまり、知識を習得することはできるが、その知識を理解し解釈して、目的や相手に会わせて編集し、発信していく資質・能力が十分に育っていないことがわかった。

　学校では、文章作成や表計算などのアプリケーションの使い方をマニュアルに沿って学ぶことがある。しかし、何のために文章作成や表計算を使うのか、これらのアプリケーションを使って、どのような問題を解決しようとするのか、学習者自らが目標を設定したり、問題を特定して解決に向けて取り組んだりすることは少ない。このような学習では、提示された情報を理解することはできても、目的に合わせてさまざまなところから多様な情報を収集し、互いに関連づけて編集し、わかりやすく提示する力をつけることは難しい。

　アプリケーションの操作を学ぶだけではなく、それを使ってどのようなことを達成するのか、ICT を用いる意味を考えて目的に沿った使い方の工夫が必要である。単にマニュアルに沿って学ぶだけでは、使い方をすぐに忘れてしまうだけでなく、状況に合わせて利用することもできない。情報活用能力は、学習者が置かれた状況の中で、意味ある活動につなげていくことで、初めてその威力を発揮することができる。そのためには、教室の中で使い方だけを教えるのではなく、実際に活用する社会的場面で使いこなしていくことが必要だ。

⑶　能力観の変容

　伝統的な学校教育では、将来に役立つさまざまな知識や技能を学校で教えることで、社会に出てからそれらの知識や技能を活用することが重要であるという能力観に立っていた。知識や技能は、モノとして学習者の頭の中に蓄積されれば、将来それを取り出せるという前提で学習活動が組み立てられる。知識や技能は学習者にとって取り入れられやすいように、小さく分けられ、効率的に教えられる。つまり、能力は個人に属するものであり、必要な能力要素を個人が獲得し、蓄積していくことで、能力は高まるという「獲得・蓄積モデル」に基づいて、教育が行われてきた。個人による知識や技能の所有という考え方である。

　一方、知識基盤社会においては、能力は学習者が置かれている環境との相互作用を通して発現すると考える。それを「関係性モデル」と呼ぶことにしよう。学習者自身が、周りの環境に働きかけ、必要な資源を取り出し活用する。さらに、学習に必要な資源を見つけ出したり、つくり出したりする中で、必要な能力を発揮するようになる。その活動は、単に知識を覚え、技能を身につけただけでは、満足のいくパフォーマンスにはならない。実社会の中で意味のあるパフォーマンスとして実践するには、能力に関する捉え方を変えなければならない。

　医療活動を事例に、「関係性モデル」を説明しよう。日本の優秀な外科医は、最新の医療知識やスキルを身につけている。そして最新の医療機器を使いこなし、臓器移植などの最先端の外科手術を行うことができる。しかし、このような最新の手術は、外科医1人で出来るわけではない。もちろん、外科医は最新の医療に関する知識を身につける必要があるが、手術をする時は、麻酔医や看護師と協働して行う。医療器具は、多くの開発者によって改良が重ねられてきたものである。執刀するのは外科医本人ではあるが、周りの人たちや最新の医療器具があって初めて、手術が成立するのである。

　この外科医が、衛生管理の整っていない開発途上国の病院で勤務することになったらどうだろうか。外科手術をするには水や電気などのインフラが整っていることが前提になる。開発途上国で時折、断水や停電になったりす

るのは、インフラとしての水や電気の供給が安定していないからだ。そうい
う状況の中では、最新の医療機器を駆使することはできない。手術をサポー
トするスタッフも十分な医療技術をもっていなければ、外科医の指示に従っ
て作業することはできない。つまり、開発途上国での外科医は、日本にいる
時と同様のパフォーマンスを発揮することはできない。開発途上国におい
て外科医に求められる能力も、最新のテクニックで施術をすることではな
い。それよりも、彼に求められる力は薬草の知識であったり、患者とコミュ
ニケーションの取れる問診の技能であったりする。つまり、外科医の有能さ
の現れ方は、彼／彼女がもっている知識の量によるものではなく、置かれて
いる状況の中で知識や技能をどのように活用できるかによるものである。そ
して、外科医の有能さを十分に発揮できるように、環境に積極的に働きかけ、
人やモノを整えていくことである。

　学校での学習も同様である。学校でいくら知識を学んだとしても、その知
識が現実社会とかけ離れたものであれば、実社会においてその知識は十分に
活用することは出来ない (レイブ 1995)。学校で学んだ知識は、学校の中でし
か役立たない。学校の外で使える知識にするには、学校でおかれている環境
と実社会の環境がつながりのあるものでなければならない。学習者が身につ
けた知識や技能は、置かれた環境とのかかわりの中で、意味のある実践とし
てパフォーマンスできる。つまり、私たちの有能さがパフォーマンスとして
表出するのは、環境との相互作用の結果である。

4　21 世紀に求められる能力を育てる学習環境

(1)　社会と学校の境界を越境する

　それでは、21 世紀に求められる能力を発揮できる学習環境とはどのよう
なものであろうか。ICT との関連で検討していこう。学習者が高いパフォー
マンスを示すためには、ネットワークが敷設され、十分な数の情報機器を用
意する必要がある。

　そもそも現代社会では、ICT はインフラとしてすでに至る所に埋め込まれ

ている。しかし、学校はそれら ICT インフラとは切り離された環境にある。21 世紀に求められる能力を学校で育成しようとしているが、一方で学校は、新しいメディアが出現すると、いつもそれらは避けるべき異物と捉え、学校への侵入を拒否している。

　社会と学校の間には明確な境界があり、学校外で普通に利用している道具が、境界を越えて学校内で使うことができない。内閣府 (2017) の調査によると、未成年のスマートフォン利用率が増えていると報告されている。小学校高学年で 27％、中学生で 52％、高校生で 95％となっている。利用時間は 1 日 3 時間以上であり、高校生では女子が 1 日 6.1 時間、男子でも 4.8 時間利用している。彼らは、スマートフォンや PC などの ICT に囲まれた環境の中に置かれ、長時間にわたりスマートフォンと接し、音楽を聴いたり、ゲームをしたり、友だちとのコミュニケーションを取ったりしている。

　一方、スマートフォンを持ち込むことは多くの学校で禁止され、存在しないものとして扱われている。このように学校の中と外との間には、明確な境界が引かれ、断絶がある。学習を意味のある活動にするには、このような境界を越えて、つながりをもつことが求められる。ただし、学校の中に直ちにスマートフォンを導入しろと主張しているわけではない。筆者らの主張は、社会状況の変化に合わせて学校教育で取り扱う内容に ICT を組み入れていくことを模索していくべきではないかということである。たとえば学校に 1 人 1 台のタブレット端末を導入しただけでは、教師も子どもも混乱してしまうことは明らかである。そうではなく、社会と学校教育の重なりあう部分の領域を広げて、その上で ICT を用いて授業実践を行うということである。新しいメディアに拒否反応を示すのではなく、社会とのつながりをもった活用のためには、メディアのより良い利用方法を見つけ、教師と子どもの関係性を変えていくことに積極的な姿勢で望むことである。

⑵　複雑な教育課題への多様な対応

　ICT を活用する学習環境を整備してきた学校では、研究紀要の作成や学協会での研究発表などを通して、子どもたちの資質・能力が育っていることを

報告している。このような報告を見た人たちの間から「それができるのは一部の学校だけ」、「あの先生だからこそできる」という声が聞こえてくることはあるが、それらの学校は一朝一夕で高いパフォーマンスを実現できたわけではない。

　教育現場がかかえる課題は実に複雑であるため、「これさえすれば課題を解決できる」といった処方箋的な対処法はない。つまり、ICT を導入しさえすれば、子どもたちの資質・能力が高まるということが自ずとできるわけではない。達成できたとしたら、それは教師たちが日々の授業を改善しようと試行錯誤した結果である。だからこそ前述したように社会と学校との境界を越境することが必要であり、それを調整していくことで、教育現場で起きている複雑な課題へ関与していくことなのである。

　複雑な課題に取り組む際に、課題を細かく切り分けて考えることがある。学校や教師が次に何を取り組めば良いのか具体的に示せるかもしれないが、教育における複雑さを単純な形に変えてしまうことになる。そこで複雑さの一部が切り捨てられることで、思いもかけない方向に物事が進んでいく。それがうまく働く場合もあるが、往々にしてさらに問題が広がっていくことの方が多い。テクノロジーのもつ可能性と制約の両方をしっかりと見据えて、複雑な事象を、複雑さを含んだまま丸ごと向き合うことを大切にしたい。ICT は全ての学習活動にかかわることであり、ICT を用いた学習環境は複雑な事象であるといえる。ICT の導入に関して、簡潔な言葉で説明されている広報に対しては、距離を置いて眺める必要があろう。

5　各章の概要

　ICT を活用した学習環境は、現実社会と学校との境界をまたぐ拡張性のあるデザインが重要である。その具体的なヒントとして各章を参考にしていただきたい。

　本章を含む第一部では「初等中等教育における ICT を活用した教育」を中心に取り扱う。2 章では、新学習指導要領でも明記された主体的・対話的で

深い学び（アクティブ・ラーニング）について、これを学校教育で導入するにあたり考えるべき課題を指摘し、ICT 活用との関連で検討を加えている。3章では、「学習の転移」という視点から思考力の育成をどう捉えるのかについて考える。また、その具体的な指導方法として「思考スキル」という考え方を紹介し、その視点をもとに思考力育成の考え方と ICT 活用の関係について検討する。4章では、ICT を日常的に用いた授業について、ICT 活用とは何か、ICT の効果的な活用方法の誤解、教育技術の表面的な模倣、ICT を日常的に授業で用いるための環境づくりの四つの観点から検討する。5章では、今後教師として成長するための視点を「経験学習」という理論の枠組みを用いて説明する。さらに ICT を活用した教育が進む中、それに対応できる教師をどのように育てようとしているかについて、大学等での教師の養成、教育委員会等による採用と研修のシステムの組み立てを説明する。6章では、教育の評価に関する基本的な考え方を提示し、ICT を活用した学習活動の評価方法やアクティブ・ラーニングの学習成果としての評価の捉え方など、評価の全体像を概観し、ICT が評価とどのようなかかわりがあるかを説明する。

　続く第二部では、「資質・能力を育成する教育方法」として具体的な事例を中心に説明する。7章では、教室という物理的な場を越えた教育実践について事例を示しながら理論的に説明する。さらに、その始まりと形態を整理し、授業デザインのポイントを提示する。8章では、学校教育で身につける資質・能力の総称として用いられている「情報活用能力」に焦点を当てる。そして、子どもたちが ICT を道具として活用しながら探究的に学ぶ「情報活用型プロジェクト学習」の考え方と、教育課程への位置づけを小学校社会科の実践例をもとに説明する。9章では、学習者 1 人 1 台タブレット PC が整備されることによって広がる学習場面の可能性と課題について触れ、その授業デザインと教授方略のあり方について検討する。さらに「学級文化」に着目して教育を考えることの重要性について指摘する。10章では、これまでのゲームと教育の関わりについて触れながら、VR や AI の技術を取り入れたゲームを利用した教育について検討を行う。11章では、ICT を取り入れて実際に作ったり体験したりするものづくりワークショップについて、その可能性と

課題を検討する。12 章では、図書館が「学校の授業での学び」と「授業外での学び」の両面をもつことを示す。その上で、公共図書館と学校図書館の現状を紹介し、図書館における ICT を活用した学習環境デザインを提案する。13 章では、ロボットの教育的な活用が進まない現状についてその理由を検討するとともに、特別支援学校の事例を通してロボットの教育的な活用の意義について論じる。

　最後の第三部は、「高等教育における ICT 活用」である。14 章では、大学生に求められている力やその力を育む、あるいは発揮するための方法としてアクティブ・ラーニングを取り上げ、そこに ICT をどう活用することが望ましいのかについて考える。また、学生の自律的な学びを支える学習支援における ICT の活用についても言及する。15 章では、大学が定めた公式の教育活動以外で学生が自主的に参加する活動（正課外活動）において、ICT がどのような役割を担い、その活動を充実させるための ICT 活用がどのように行われているかを論じる。

参考文献

有元典文 (2011)「アーティファクトの心理学」茂呂雄二・田島充士・城間祥子編著『社会と文化の心理学：ヴィゴツキーに学ぶ』世界思想社

国立教育政策研究所 (2016)『資質・能力［理論編］（国研ライブラリー）』東洋館出版社

ジーン・レイブ（著）無藤隆・中野茂（訳）(1995)『日常生活の認知行動：ひとは日常生活でどう計算し、実践するか』新曜社

内閣府 (2017)「青少年のインターネット利用環境実態調査」http://www8.cao.go.jp/youth/youth-harm/chousa/net-jittai_list.html（参照日：2017 年 11 月 30 日）

日本教育方法学会 (2016)『アクティブ・ラーニングの教育方法学的検討』図書文化

松尾知明 (2015)『21 世紀型スキルとは何か：コンピテンシーに基づく教育改革の国際比較』明石書店

松下佳代 (2010)『＜新しい能力＞は教育を変えるか：学力・リテラシー・コンピテンシー』ミネルヴァ書房

モーリス・J・イライアス、ロジャー・P・ワイスバーグ、マーク・T・グリーンバーグ (1999) 社会性と感情の教育：教育者のためのガイドライン 39　北大路書房

Fadel, C., Bialik, M., & Trilling, B. (2015) *Four-Dimentional Education: The Competencies Learners Need to Succeed.* Lightning Source Inc.＝岸学監訳、東京学芸大学次世代教育研究推進機構訳 (2016)『21 世紀の学習者と教育の 4 つの次元：知識、スキル人間性、そしてメタ

学習』北大路書房

Marshall M., *Understanding Media: The Extensions of Man*, The MIT Press, 1964, 77-359.＝栗原裕・河本仲聖訳（1987『メディア論』みすず書房）

Sawyer, R., K. (2017)『学習科学ハンドブック［第二版］　第 3 巻：領域専門知識を学ぶ・学習科学研究を教室に持ち込む』北大路書房

さらに勉強したい人のための文献案内

(1)　松尾知明（2015）『21 世紀型スキルとは何か：コンピテンシーに基づく教育改革の国際比較』明石書店

　　21 世紀に求められる能力とはどのようなものか。世界の国々でコンピテンシー育成についてどのような取り組みが行われているかを紹介し、日本のコンピテンシー育成に関しても重要な示唆をしている。

(2)　ロイス・ホルツマン（著）茂呂雄二（訳）(2014)『遊ぶヴィゴツキー：生成の心理学へ』新曜社

　　ICT をどのように活用するかという点については本書では全く説明していないが、学習の捉え方についてヴィゴツキーの理論をもとにパフォーマンスという概念で説明している。情報活用能力の育成に関して重要な示唆を与えてくれる。

第 2 章　主体的・対話的で深い学びと ICT

久保田 賢一

1　はじめに

　私たちは、急速に変化し、未来を予測することが難しい 21 世紀の社会に生きている。未来に向かって発展していくためには、誰もが直面したことのない課題に勇敢に立ち向かい、解決していかなければならない。このような社会を生き抜くためには、幅広い知識に加え、高度で柔軟な思考力・判断力が求められる。そして、課題を解決していくためには、主体的にかかわり、周りの人たちと協働した取り組みをしなければならない。

　21 世紀を生き抜くために求められる能力とはどのように定義づけられるのだろうか。世界中の国々が 21 世紀に求められる資質・能力を定義づけ、学校教育において育成する方法を模索している (Rychen *et al.* 2003; Griffin *et al.* 2012)。キー・コンピテンシーや 21 世紀型スキルなどの「新しい能力」の重要性が指摘されるようになり、それらの能力を育成するための方法としてアクティブ・ラーニング (active learning、以下 A.L.) の導入が進んできた (教育課程研究会 2016)。単に教師の説明を聞くだけでなく、学習者が主体的に課題に取り組み、さまざまな人たちと対話し、協同的に課題に取り組む学習が求められているといえるだろう。本章では、A.L. を導入するにあたって考えるべき課題を指摘し、ICT 活用との関連で検討を加えていく。

2　アクティブ・ラーニングと学校システム

⑴　アクティブ・ラーニング (A.L.) の視点

2014 年に文科省が A.L. という言葉を使って以来、A.L. に関する多数の本が出版され、研修会やセミナーが多く開かれるようになった (溝上 2016)。A.L. は当初、大学の授業を変えていくために使われてきた用語であるが、次第に初等中等教育においても広く使われるようになってきた。

大学では 100 人を超える学生が授業を受けることは、それほど珍しいことではない。そのため大教室での授業は、どうしても一方的な講義型になりがちである。A.L. は、大学での一方的な講義への反省のもと、学生が発言できる機会を設けたり、グループで話し合い発表したりする機会を増やす学習方略として使われるようになった。しかし、小学校や中学校では、これまでもグループ学習や調べ学習などさまざまな学習活動を授業に取り入れてきている。なぜ、アクティブ・ラーニングというカタカナ言葉を使い始めたのだろうか。

中央教育審議会は論点整理として、アクティブ・ラーニングの意義を説明している。そこには、子どもたちが単に「知っている」というだけではなく、「知っていることをどのように使って社会とかかわり、より良い人生を送っていくか」ということに視点を当てることが重要だと述べられている。2016 年には学習指導要領改訂に向けての答申が出され、アクティブ・ラーニングという用語に変わり、「主体的・対話的で深い学び」が提起された。この言葉は、A.L. の視点として、三つの観点から学習を捉えることを提案している。

○「論点整理」におけるアクティブ・ラーニングの視点
【深い学び】
　習得・活用・探究という学習プロセスの中で、問題発見・解決を念頭に置いた深い学びの過程が実現できているかどうか。
【対話的な学び】
　他者との協働や外界との相互作用を通じて、自らの考えを広げ深める、対話的な学びの過程が実現できているかどうか。

【主体的な学び】

　主体的に学ぼうとするとき、学びに対する意欲が生じている。課題についてもっと知りたい、なぜそうなるのか考えたいという気持ちに動かされている。課題が明確になり、自分ごとになっていること。

（文部科学省 2016）

　答申では、生涯学習を視野に入れ、「学び」という営みは学校を卒業した後も継続的に行われるものであるという方向性を示し、自分で興味・関心をもって主体的に学ぶこと、周りの人たちとの対話を通して協働的に社会にかかわることで、深く物事を理解し、課題に取り組み、解決に向けて努力することを示している。このような学習に対する視点は重要であり、学校教育に取り入れることに異論を唱えるものではない。しかし、主体的・対話的で深い学びを実現するためには、学習指導要領を書き換えるだけでなく、その実現に向けて教育システムの改革が求められる。教師の役割や配置、学校におけるさまざまな規則、評価のあり方、地域における学校の位置づけ、ICT などのテクノロジーの導入など、学校を取り巻くさまざまな要素を取り上げ、総合的に学校教育を見直す必要があるだろう。近代化により始まった現代の学校教育は、子どもたちの主体性や自主性を育成するよりも、一定の規格化された人間を作るための装置であり、その方向性を変えていくことは容易ではない。

⑵　主体的・対話的でない学校教育

　A.L. の視点として「主体的」「対話的」「深い」という 3 つの修飾語があげられている。それは、現在の学校教育にはこれら三つの視点が欠けていたからだと捉えることもできる。学校は主体的になれる場でも対話的になれる場でもなかった。だから深く学ぶことができない。つまり、これら 3 つの視点は近代と共に始まった学校教育の中には組み込まれてこなかったともいえる。

　近代化と共に始まった学校教育という仕組みは、個々人の全人的な発達を目的とするよりも、国家の要請として始まったものである。それは一人ひと

りの主体性を伸ばすことより、規律に従う「従順な身体」を作ることを意図したシステムなのだ。

　明治時代の日本は、欧米諸国に対抗するために「富国強兵」をスローガンに掲げ、軍隊の強化を目指した。その一歩として、兵役を義務づける徴兵令を公布し、すべての子どもに学校教育を受けさせ読み書きを教えた。それが現代においては、「グローバル人材育成」という国の方針のもと、グローバルな経済戦争に勝ち抜く企業戦士の育成が目指されている。このように学校教育は近代化と共に始まり、現在も国家の管理のもと、カリキュラムが決められ、教師はそれに沿って教えることが求められている。つまり、学校は本質的に国家の要請に基づいて運営される場であり、規格化された身体の形成を目指している。子ども一人ひとりの主体性や創造性を養うための場としては方向づけられていないのである (柳 2005)。

　フーコー (1975) は、近代が生み出した兵舎、刑務所、工場、病院は、規律を守らせるための訓練をする場として、規則に従わせることを重視し、「規格化された身体」を造り出す装置として、同一の原理に基づいていることを指摘した。学校もこれらの施設と同列なものとして扱われている。学校教育の中に、身体の規律の技術がどのように取り入れられているのか三つの側面から見てみよう。

　まず空間の配置の技術では、教室という空間を作り、学級として同一年齢の子どもを集め、同一の活動に従事させる。子どもたちは、この閉鎖的な空間の中で一日を過ごすことになる。次に時間の配置の技術では、いつ何をするかということが決められた時間割が作られ、細かに活動が割り振られる。最後に身体の部品化の技術では、制服、髪型、適切な振る舞い方が規定される。このような身体の規律と調教の技術により、近代社会に適した身体が作り上げられるというわけである (中山 1996)。

　「規格化された身体」を育てるための重要な手段の一つが「試験」である。試験によって一人ひとりの子どもに成績がつけられ、序列化していく。子どもは試験によって評価され、振り分けられていく。このような学校教育の枠組みの中で、子どもは内面から社会に順応していくことを規律として学び、

逸脱した行動は排除されていく。

　試験では、教師によって教えられたことを正確に試験用紙に書き出すことが求められる。知識は教師に独占されており、教師のもっている「正しい知識」を、子どもは頭の中に蓄積することを目指す。ペーパーテストでは、知識を正確に取り出して、書き出すことを求められる。試験中にわからないことを周りの仲間に聞くことは、カンニングと見なされて処罰される。学校は、学習者が個別に知識を取り入れ、試験の時にそれを書き出すことを評価し、一人ひとりを個別に管理していく。つまり学校は、一人ひとりを孤立させ、競争的に学ぶように方向づけられている場であるといえる。

⑶　アクティブ・ラーニングの学習環境

　このように歴史的に見ると、学校教育は規格化された身体を効率的に作り上げるということに注力してきた。その前提になっているのが、個人に焦点が当てられ、「頭の中にため込まれたモノとしての知識」である。しかし、こうした教育の捉え方では、21 世紀の知識基盤社会においては通用しないことが世界的に共有されるようになった。コンピテンシー（資質・能力）の概念は、「ため込む知識」ではなく、知識・技能を実際の社会的な場面に当てはめ、問題を解決できることに焦点を当てている。つまり学習を、周りの人と協働し、道具を使いこなして、正解のわからない課題に取り組み、解決を図るための活動と捉える。アクティブ・ラーニングはそのための方法である。

　しかし、前述したように学校の中では主体的な学びは育ちにくい。学校教育では、いかに規律に沿った身体を形成するかに重点が置かれ、一人ひとりを個別に評価していくことに関心がある。それに対して、主体的・対話的で深い学びは、学校教育のこのような方向とは逆向きのものである。主体的な学びとは、深く考えることなくマニュアルに沿って行動することではない。それは前例のない新しいことを試みたり、何が起きるかわからないことを面白がったりする態度、ワクワクドキドキするような思いに誘われ、自ら自主的に取り組もうとすることである。主体的学びは、テストでは動機づけられない。それよりもテストとは全く関係のないところで始まる。たとえば、博

物館を訪問し、恐竜に興味をもった子どもは、学校の授業とはかかわりなく、恐竜のことを知りたいと思うようになる。自分で恐竜についていろいろ調べていくうちに、たくさんの恐竜の名前を覚えるようになる。古代の地球環境に関心を向け、なぜ恐竜が絶滅したのか、深く調べ始める。これは、教科の学習とは直接関連はないかもしれないが、子どもにとって主体的に取り組む活動である。果たして、このような学習をどこまで学校教育の枠組みの中で保証できるのだろうか。

3　アクティブ・ラーニングの困難性

⑴　多忙で保守的な教師

　教師には主体的・対話的で深い学びを実現する環境を整えることが求められるが、教師自身が新しい学びを実現するように方向づけられていない。教師は多忙であり、今こなしている以上の仕事をすることができない状況に置かれている。

　文部科学省が行った 2017 年の教師の勤務実態調査の結果によると、小中学校の教員の労働時間は、平均 1 日 11 時間以上で、過労死ラインとされる残業が月 80 時間以上を超えるのは、中学校で 6 割、小学校でも 3 割に及ぶ。授業準備、部活動、報告書作成、保護者対応など、10 年前の調査よりも増加している。「学校を支える教員の負担は限界に近い」というのが現状である。このような状況を改善するには教師数を増やして負担を分担する必要があるが、財務省は子どもの数が減少したので、4 万人の教員を減らすことができると提案している。現行のカリキュラムにおいてもその内容を十分にこなし切れていないのに、主体的・対話的で深い学びを導入することができるのだろうか。これでは学校の置かれている状況が悪化するだけでなく、教員の負担がますます増していくことになる。多忙な教師は、できるだけ余分な仕事を引き受けないように、新しい試みを避ける傾向にある。これでは A.L. をするための準備も実践も遠のいていく。

　教師が A.L. を導入するための時間的余裕がないことに加え、本来保守的

な教師は新しい学習活動を導入することに対して積極的ではない。自身が子どもの時に教師になりたいと考える人は、学校での 12 年間の体験が自分に合っていると考えて教師になる場合が多い。これまで受けてきた学校教育のあり方を肯定的に捉えているから教師になりたいと思う。そして教師として採用され勤務するようになると、授業を行う点ではベテラン教師も新任教師も同じ仕事をすることが求められる。教室での授業は、1 人で行うため、ほかの教師の授業を見る機会は少ない。その結果、互いの仕事には無関心となり、個人主義をもたらしがちである。加えて、教師の仕事には境界がない。子どもに対してやればやるほど手応えがあり、いきおい多忙となる。このような手応えは教師としての成功体験であり、こういった体験を肯定的に捉えるようになる。毎年、教える子どもたちは代わり、これまでうまくいった指導方法を継続することになる。その結果、効果がわからない新しい試みを避けてしまうことになる（秋田 2017）。

⑵　消極的な ICT 活用

　アクティブ・ラーニングを取り入れる際、ICT を活用することで効果的・効率的な学習活動を展開できると見込まれるが、多忙で保守的な教師は当然消極的になる。単に ICT を導入したからといって、主体的・対話的で深い学びが実現するわけではないことは自明である（Cuban 2004）。

　教師は ICT を授業で活用する機会が少ないだけでなく、時折 ICT を活用してみても、いろいろなトラブルに見舞われる。日常的に授業で使うには不安要因が多すぎ、積極的に使おうという行動に移ることができない。教師の反応は次のようなものが挙げられている。

　　「これまで生徒にわかりやすい授業をしてきた。わざわざ ICT 機器を使わなくとも良い授業はできるし、これまでの授業で困ったことはない。」
　　「授業で ICT 機器を使ったことがないので、授業でうまく使えるか不安だ。」
　　「毎日、部活動や生徒指導など忙しく、新しい機器の使い方を学ぶ研修に参加する時間がない。」

「どのように ICT 機器を活用すれば、学習効果が上がるのかわからない。」

「ネットにつなげるといろいろなトラブルが起きて、生徒指導が大変になる。」

「授業中に使っていて、故障や破損したときはどうしたら良いのか戸惑ってしまう。」

「画面を見続けると視力の低下などの健康に悪いのではないか。」

「パソコンで入力すると、漢字が書けなくなるのでは。」

「一人で ICT 機器を操作して、トラブルが起きても、そばに助けてくれる人がいないと不安だ。」

「いろいろな OS やアプリがあるので、互換性に問題があるのでめんどうだ。」
　　　　　　　　　　　　　　　　　　　　　　　　　　（長谷川 2016:10）

　このように面倒なこと、不安なことが多ければ、教師はこれまでのやり方を変えずに、黒板とチョークで授業を続けることになる。教師は「教える人」、子どもは「学ぶ人」という固定的な概念をもっていることで、教師は授業中に自身ですべてをコントロールしないと教師としての立場がなくなると考えがちである。これらの不安を一つずつ取り除いていかないと、ICT の導入は難しいだろう。

4　困難を乗り越える

(1)　アクティブ・ラーナーとしての教師

　21 世紀を生き抜く資質・能力を育成するには、主体的・対話的で深い学びの環境づくりが求められるが、前述したように近代化を目指した学校教育は、資質・能力を育てるようには方向づけられていない。新しい学びの環境を作るためには、教師自身の役割を変えることが求められる。まず教師が主体性を取り戻し、周りの人たちと会話を始め、新しい教育実践をするためのアクティブ・ラーナー（能動的な学習者）としての自身を認識し直さねばならない。

　アクティブ・ラーナーとして子どもの前に立つ教師は、子どもと共に学ぶ学習者である。知識を独占し、教師から子どもへ知識を一方的に伝達することが、教師の役割ではない。複雑で予測が難しい社会において、問題の解決策は簡単に見つからない。単に A.L. のマニュアルに沿って忠実に実践をする教師は、アクティブ・ラーナーとはいわない。文科省から出された文章を批判的に吟味し、子どもの置かれている状況、学校の状況を鑑みて、どのような方法で授業を展開すれば、子どもが意欲的に学びに向かうのか考える必要がある。「多忙で保守的な教師」と自己規定しては、子どもの資質・能力を育てることはできない。教師自らが新しいことに積極的にチャレンジしていこうという意欲が大切である。そのためには、主体的・対話的に活動できる教師自身の環境を整えることである。教師自身がワクワクドキドキ感をもち、授業を楽しむことができなければ、つまりアクティブ・ラーナーにならなければ、子どもはそう方向づけられない。子どもは生き生きと活動する教師を見て育つ。

　ICT はそのための学習環境を整える一つの手段である。まずタブレット端末、電子黒板、デジタル教材、インターネット環境を整備し、必要に応じて使うことができる状況を用意することである。もちろん ICT を活用するには、一人の教師が実践するだけではうまくいかない。学校全体としてどのように授業をマネジメントしていけるかが重要である。学校全体で取り組むことがアクティブ・ラーナーとしての教師を育てるとともに、授業で A.L. を実践できる力を養うことができるようになる。

⑵　教室の枠を超える

　ICT は A.L. を推進するツールとして重要な役割を担う。授業を他者と協同で課題を解決するための場と捉えるとともに、教室内にさまざまなツールを用意し、自由にツールに触れ、その活用方法を学ぶことが、主体的・能動的に学習に取り組む第一歩となる。とくに ICT を授業に取り入れる利点は、教室という枠を超えて学習活動を世界に開かれた場に変容させることができるからだ。

　前述したように、学級は教室で仕切られ、同じ年齢の子どもたちが集まり、同じ教科を一斉に学ぶ場という閉鎖的な空間である。それは教師 1 人と子どもたちが 1 日過ごす学級王国でもある。学級という場に子どもたちは強制的に割り振られ、教師の意向にそって規格化され、従順な存在に仕立て上げられる。そこには主体的に学ぶ学習者の姿はない（柳 2005）。

　ICT は、このような閉鎖的な学級という空間に外の風を吹き込んでくれる。教室の中だけの関係だったものが社会に開かれるものになる。インターネットに接続された ICT 端末は、教室の枠を超えたさまざまな情報を学級の中に運んでくれる。たとえば、地域の情報を集め、連絡を取り、地域の人たちを学校に直接招き入れたりする。また、電子メールや SNS、ビデオチャットを使い、離れた地域にいる人たちとの交流も始まる。地球の裏側の学校とつないでビデオチャットをする。学校の外にいる専門家に直接質問したり、最新の知識を伝えてもらったりする。教室の外の世界とつながることで、新しい学習環境ができあがる。

　従来、学校では教師が教科書の知識を子どもに伝達することが中心だった。教師から子どもへの一方向の知識の流れが、ICT を活用することで知識は教師の独占物ではなくなる。知識が開かれたものになることで、教師と子どもの関係性が変わる。子どもたちは独自に情報を集めることで、教師とは別の知識を手に入れる。教師はアクティブ・ラーナーとして、子どもたちと同じ方向を向き、現代社会の課題に取り組むことになる。課題を解決するための正解はない。共に考え、知識を共有していかなければならない。

⑶　今、役立つ課題に取り組む

　「今、学んでいることは将来、学校を出た後で役立つから」と、教師は子ども達を説得することはもうできない。AI（人工知能）やロボット技術が急速に進歩し、多くの子どもは現在、存在しない仕事に就くだろうといわれている予測困難な時代に「将来役立つから」という理由で子どもを動機づけることはできない。いくら教わっても使わない技術はすぐに忘れてしまう。アプリケーションはどんどん使いやすくなり、バージョンが日々更新されていく。

ワープロや表計算など、マニュアルに沿ってアプリケーションの使い方を習得することに子どもは本気になれないのは当然である。

　多くの子どもはスマートフォンを持つようになり、1 日何時間も使うようになった。食事の時も離さず、お風呂に入る時も持って行ったりする（竹内2014）。子どもにとってスマートフォンは身体の一部であり、壊れたり、家に忘れたりしたら 1 日中不安になる。子どもは SNS を介して友だちとのコミュニケーションに夢中になり、友だちとの関係性をどのようにもったら良いか悩む。これほどスマートフォンが普及したにもかかわらず、スマートフォンは教室の外側からやってきた学びを攪乱する異物と見なされている（今井2004）。その結果、ネット上のいじめ、個人情報の漏洩、ネット依存などさまざまなネットトラブルについて、子どもは十分に理解しないまま日常的に、学校の外側で利用することになる（竹内2014）。

5　まとめ——ICT 学習環境とは

　学校に ICT が整備される以前から、子どもの置かれている環境は ICT で囲まれている。ICT はインフラとして、子どもにとってすでに環境の一部になっている。家族と連絡をとったり、友だちとコミュニケーションしたり、ゲームを楽しんだり、映像を撮ったり、見たりする。ところが、学校では ICT はいまだに学習環境として学びのためのツールになりきっていない。学校で ICT を使うことは特別なことであり、特別なことであるからいろいろなトラブルが起こる。

　BYOD（bring your own device）とは、子どもの持っているタブレットなどのICT 端末を学校において学習に活用することである。すべての学校で子ども1 人 1 台のタブレット端末を使った授業を目指しているが、それを実現するのは難しい。一方、多くの子どもはスマートフォンを持つようになってきたが、スマートフォンを学びの道具として学校で使う環境は十分に整っていない。学校内で使用禁止とするだけでは、生活に密着した情報教育を学ぶことはできない。子どもはスマートフォンの適切な使い方を知らないままに、学

校外ではスマートフォンに依存的な生活を送っている。ICT学習環境を考える時に、教室で1人1台といった観点から捉えるのではなく、学校内と学校外の両方をどのようにシームレスにつなぐことができるか考慮することが必要だろう。なぜなら、子どもは学校の外の方がより主体的で対話的になれるのだから。それを深い学びにつなげていくための役割や制度の改革をふまえた学習環境のデザインが求められる。

参考文献

秋田喜代美 (2017)「授業づくりにおける教師の学び」佐藤学・秋田喜代美・志水宏吉・小玉重夫・北村友人編『教育　変革への展望5　学びとカリキュラム』岩波書店

今井康雄 (2004)『メディアの教育学：「教育」の再定義のために』東京大学出版会

教育課程研究会 (2016)『アクティブラーニングを考える』東洋館出版社

竹内和雄 (2014)『スマホやネットが苦手でも指導で迷わない！スマホ時代に対応する生徒指導・教育相談』ほんの森出版

中山元 (1996)『フーコー入門』筑摩書房

長谷川元洋監修　松阪市立三雲中学校編 (2016)『無理なくできる学校のICT活用：タブレット・電子黒板・デジタル教科書などを使ったアクティブ・ラーニング』学事出版

溝上慎一 (2016)『高等学校におけるアクティブラーニング：理論編』東信堂

文部科学省 (2016)「次期学習指導要領等に向けたこれまでの審議のまとめについて（報告）」http://www.mext.go.jp/b_menu/shingi/chukyo/chukyo3/004/gaiyou/1377051.htm（参照日：2017.10.21）

文部科学省 (2017)「教員勤務実態調査（平成28年度）の集計（速報値について）概要」http://www.mext.go.jp/b_menu/houdou/29/04/__icsFiles/afieldfile/2017/04/28/1385174_002.pdf（参照日：2017.5.8）

柳治男 (2005)『＜学級＞の歴史学：自明視された空間を疑う』講談社

Cuban, L. (2001) *Oversold and Underused*. Harvard University Press. = 小田勝己・小田玲子・白鳥信義訳 (2004)『学校にコンピュータは必要か―教室のIT投資への疑問』ミネルヴァ書房

Foucault, M. (1975). *Surveiller et Punir: Naissance de la Prison*. = 田村俶訳 (1977)「監獄の誕生：監視と処罰」新潮社

Griffin, P., McGaw, B., & Care, E. Eds. (2012). *Assessment and Teaching of 21st Century Skills*. Springer Netherlands.= 三宅なほみ監訳 (2014)『21世紀型スキル：学びと評価の新たなかたち』北大路書房

Rychen, D. S. & Salganik, L. H. (2003) *Key Competencies for a Successful Life and a Well-Functioning Society*, Hogrefe & Huber Publishers.= 立田慶裕監訳 (2006)『キー・コンピテンシー：国際標準の学力をめざして』明石書店

さらに勉強したい人のための文献案内

(1)　長谷川元洋監修　松阪市立三雲中学校編 (2016)『無理なくできる学校の ICT 活用：タ
　　ブレット・電子黒板・デジタル教科書などを使ったアクティブ・ラーニング』学事出
　　版
　　学校全体の取り組み、5 年間の活動をまとめたもの。1 人 1 台のタブレット PC を導入し
　　た中学校の実践事例を紹介。これから学校にタブレットが入ってくる際にどのような取
　　り組みが必要か具体的な記述がある。ICT の導入は、学校全体での取り組みが重要であ
　　ることが分かる。

(2)　日本教育方法学会編 (2016)『アクティブ・ラーニングの教育方法学的検討』図書文化
　　教育方法の観点からアクティブ・ラーニングに焦点を当て、学術研究の立場から、理論的、
　　実践的に多角的に検討を加えている。学校教育を考えるさまざまな視点を提供してくれ
　　る。

第3章　思考力の育成とICT

泰山 裕

1　はじめに

　思考力育成は学校教育の目標の一つである。しかし、思考力をどのように捉えるのかについてはさまざまな立場が存在する。「思考力を育成することが可能か」という問いは、「学校教育の中で何を指導すべきか」という根本にかかわる問いである。学校教育を前提とした時に私たちは「思考力育成」をどのように捉え、どのように指導すれば良いだろうか。またその際にICTをどのように活用することが考えられるだろうか。本章では特に「学習の転移」という視点から思考力の育成をどう捉えるのかについて考える。また、その具体的な指導方法として、「思考スキル」という考え方を紹介する。そして、思考スキルの視点からの思考力育成の考え方とICT活用の関係について検討する。

2　思考力を育てる

(1)　思考力とは何か

　思考力・判断力・表現力の育成は学校教育の大きな目標の一つである。学校教育の目標は、これからの社会に生きる子どもたちを育てることである。そのため、学校教育に求められる役割は社会の変化に強い影響を受ける。

　いま我々が生きている社会ではさまざまな情報をうまく活用したり、状況に合わせて判断したりして、新たな価値を作り出すことが求められる。たとえば、私たちが初めての場所に行くとき、どうするだろうか。パソコンやス

マートフォンを使って行き方を調べる人が多いのではないだろうか。もしかしたら、ナビゲーションアプリを使って目的地まで行くという人もいるだろう。一方、自分の知っている情報だけで行き方を考えるという人はほとんどいないだろう。

このように今の社会では記憶している情報だけ使って問題解決するということはほとんどない。知らない単語は検索したり、複雑な処理はコンピュータに任せたりして、問題解決することが増えている。そうすると、重要になるのは「何かを知っていること」よりも、「どうやって情報を検索するか」や「集めた情報をどのように処理し判断するか」というような能力である。

学習指導要領においても、個別の知識をたくさんもっているだけでなく、それらの知識や技能を結びつけて概念的に理解し、それを状況に合わせて活用し、問題解決を行うこと、そして、その過程を客観的に見ながらコントロールできるような資質・能力の育成が求められている。そのような資質・能力を育てるためには、学んだことを現実の場面で活用することを繰り返す必要がある。

私たちが何かを新しく何かを学び、自分のものにする時のことを考えてみよう。まず初めは本を読んだり、詳しい人に話を聞いたりしながら情報を得るだろう。ただ、それだけでその知識が使えるようにはならない。実際の場面でその知識を活用してみたり、他の人とその内容について議論をしたりする中で、知識がより深く理解できるようになり、実際の問題解決場面で活用することができるようになることがある。

学習指導要領ではこのような学びの姿を「主体的・対話的で深い学び」と呼んでいる。そのような学びを通して、生きて働く知識・技能を身につけ、それを未知の状況にも対応できる思考力・判断力・表現力を育成することが求められている。

それでは、学校教育の中で育成することが求められている思考力とはどのような能力なのだろうか。そもそもどんな場面でも使えるような考える力や思考力といった能力は存在するのだろうか。

⑵　思考力は " 転移 " するか

　ある学習が後続の学習に対して影響を与えることを「学習の転移」と呼ぶ。

　「どんな場面でも使える思考力は存在するのか」という疑問は「思考力という能力は転移するのか」という疑問である。そこでここからは転移を捉える立場を紹介したい。皆さんはどの捉え方に納得するだろうか。

①　転移の捉え方 1：実質陶冶と形式陶冶

　転移を巡る議論は実質陶冶と形式陶冶の議論に遡る。

　実質陶冶では、転移するのは実際に使えるような知識や技能であると捉える。この考え方に沿えば、実際の生活で役に立つような知識や技能を指導することが重要となる。

　これに対して、形式陶冶とは、一般的な知能がすべての状況に転移するという捉え方である。形式陶冶では、ラテン語、ギリシア語、論理学などを教えることが汎用的な思考力の育成につながり、それがさまざまな状況に転移すると捉える。こう捉えると思考力を育成するために指導すべきことは教科等の内容であり、それを指導することで汎用的な思考力が育てられるということになる。たとえば、「国語を指導することで子どもの思考力が育てられる」と考えるのである。

　実質陶冶と形式陶冶は転移を捉える考え方の対極に位置し、どちらの考え方を採用するのかによって、指導すべき内容が大きく異なることになる。

②　転移の捉え方 2：一般的な思考方法の転移

　二つ目の捉え方は、考え方や問題解決の方法を取り出して指導することで、それが別の場面で活用できるようになるという考え方である。この捉え方では、学習にとって重要なことは考え方や問題解決の方法を指導することであり、そのような方法が使える問題に対して、方法が転移し、問題解決が行われるということになる。

　考え方の転移を示す研究 (Gick and Holyoak 1980) を紹介しよう。

　はじめに次の問題を出す。

　「胃の中にある腫瘍を放射線で破壊する必要がある。しかし、腫瘍を破壊できるだけの放射線を使ってしまうと、腫瘍以外の健康な組織まで破壊してしまう。健康な組織を破壊しない強さの放射線では腫瘍を破壊することができない。どのように放射線を用いれば良いか（放射線問題）」

　この課題を回答できる人はそう多くはないだろう。それでは次の問題を考えてみてほしい。

　「敵の要塞を攻め落としたい。その要塞への続く道はたくさんあるが、その道には地雷が埋められており、要塞を攻め落とすことができるだけの人数の軍がそこを通ると爆発してしまう。どのようにすれば攻め落とすことができるだけの人数を要塞まで辿り着かせることができるだろうか（要塞問題）」

　この問題の答えは「少人数の部隊に分けて複数の道から要塞を攻める」である。それでは、この答えを頭に置きながら、先ほどの放射線問題をもう一度考えてみてほしい。多くの人が「健康な組織を破壊しない程度の放射線を複数個所から腫瘍に当て、腫瘍を破壊する」という回答を見つけることができるのではないだろうか。

　この二つの問題は、題材は違うが解き方が同じ問題である。要塞問題の答えを見てから放射能問題が解けたという人は、要塞問題で学習した問題解決の方法を放射能問題に転移させたということができる。

　Gick らの実験では二つの問題が関連することを示すことで放射線問題の正答率が上がる一方、関連を示さずに自力で関連を見つけ、回答できた人の割合は 20％程度であったという結果が得られている。このように問題同士の関係や共通性を示すことで、問題解決方法の転移が促進されるという結果が得られている。このようにさまざまな場面で活用できる方法を指導することで、そのやり方を他の場面でも使えるようになるようになる、というのが

二つ目の捉え方である。

③　転移の捉え方 3：思考の領域固有性

　三つ目の捉え方は思考の領域固有性を主張するものである。

　この捉え方では、思考は常に何らかの対象をもち、その内容が考え方を規定すると考える。私たちは常に何かを考える際にはその状況に応じた知識や背景をもとに思考している。つまり、ある領域における思考力は他の場面では通用しないという主張である。

　確かに、国語の時間でうまく考えられる人が理科の時間でもうまく考えられるとは限らない。夏休みのスケジュールを考える能力と栄養バランスのとれたメニューを考える能力は全く別物のように思える。この捉え方に立つと、指導すべきはそれぞれの文脈に根ざした領域固有の知識や方法であるということになる。

　この捉え方では、「転移」ではなく「文脈横断」という用語を用いて、知識活用のプロセスが説明される。ある特定の知識や技能が直接的に他の場面に転移するのではなく、「状況に根付いた知識を，新たな文脈の中に改めて根付かせる」（香川 2011）と考える。

　学校教育にこの捉え方を適用するとどうなるだろうか。国語で育成された能力を別の教科や生活の中で活かすためには、国語という教科で扱われた知識を改めて別の場面に適用することが重要になる。

　この捉え方は確かに、私たちの生活場面を考えても自然なように思える。学校の中で学習した知識がそのまま生活場面に活用できることはそう多くない。それよりも学習した知識を生活場面の状況に応じて選択、再構成しながら問題解決していく方が多いだろう。

　そのように考えたときに、学校教育の中で指導されている教科の中で子どもに何を学ばせることが大事になるだろうか。学校の中で学んだ知識をそれぞれの状況に合わせて選択・再構成させる必要があるのならば、学校の中で学ぶよりも現実の社会の中に子どもを放り込み、それぞれの状況に合わせた知識を学ぶ方が有効であるようにも思える。

　この捉え方では学習活動としての「思考」を捉えやすくなる一方、学校教育の目標としての「思考力」を捉えることが難しくなるように思える。

④　転移の捉え方 4：新統合理論

　このような問題について、学校教育で何を指導すべきかを提案しているのが四つ目の捉え方である。ブルーア (1993) は、上記の三つの立場のいずれもがそれ単体では効果的な教育を充分に実践することが難しいと主張し「新統合理論」を提案している。この理論では、子どものメタ認知と領域固有の教科内容の学習、そして、一般的な思考技能の学習を結び付けることが重要であるとされている。

　メタ認知とは自分の思考や行動状況を把握し、それをコントロールする能力のことである。この考え方に立つと、教科等の内容の中で、それに適した考え方を指導し、同時に自らの学習や思考をモニタリングし、コントロールするためのメタ認知能力を鍛えることが重要になる。教科等の内容の中で学んだ考え方がどこで使えるのか、ということを考える能力を合わせて育成することで思考力が育成され、他の場面に転移できるようになるのである。この立場に立つことで、学校教育の指導とこれまで指摘されてきた転移についての問題を整理して考えることができるのではないだろうか。

　特定の教科の指導が、直接子どもの思考力を高めるとは考え難い。考え方を教えても文脈の共通性がわからなければ、他の場面で活用できるとは限らない。一方で、領域固有性を主張しすぎてしまうと学校で教科を指導することの意味が見えにくくなる。

　そうではなく、教科等の内容に応じた考え方を、それを活用するための能力とともに指導することで、教科等の学習を汎用的な思考力の育成につなげることができないだろうか。これが、新統合理論が考える思考力育成の形である。

　しかし、そうすると次の疑問が生まれてくる。教科等の内容の中で指導されている「考え方」とはどのようなもので、それは他のどのような場面で使うことができるのか、という疑問である。

(3)　思考スキルの視点による思考力育成の捉え方

　「考える力」といったとき、どんな力を想像するだろうか。

　国語科の説明文教材では、説明のための順序や筆者の主張を支える根拠を読み解くことで、何かを説明するときの考え方が指導される。理科の科学分野では、結果を予測しながら計画を立て、実験などの結果を考察しながら対象に迫り、科学的に探究していく考え方が指導される。これらはどちらも「考える」ということだが、その中身は大きく異なる。このように、「考える」という言葉は教育の大きな目標であると同時にとても多様な意味をもっているのである。

　そこで、思考力を行動レベルで具体化し、方法として習得させ、それを活用して問題解決を行う力を思考力と捉えることで、思考力の育成を指導可能なものとして捉えるための視点が「思考スキル」である。考える力を育てるためには、まず考えさせる前に考える方法を指導するということである。たとえば、先ほど例として挙げた、国語科の説明文教材で子どもが学ぶ思考スキルはなんだろうか。「説明のための順序や筆者の主張を支える根拠を読み解くことで、何かを説明するときの考え方を指導」するということは、説明のための文章を「順序づける」方法や説明文の「構造」を読み解く方法、そして、主張を「理由づける」方法を身につけることを目指していると捉えることができる。

　授業において育成を目指す思考力を具体的な言葉として捉えることで、思考を支援し、その方法を指導することが可能になる。「考える力を育てる」のではなく、「比較ができる」というように目標を具体化して捉えることで、指導方法が明確になるのである。

　学校教育の中で指導されている思考スキルは学習指導要領の中に埋め込まれているはずである。そこで、学習指導要領を分析した結果、教科等の学習の中で指導される教科横断的な思考スキルとしては**表 3-1** のような 19 種類があることを明らかにした（泰山ほか 2014）。このように、思考スキルの視点から捉えると、思考力とは思考スキルを習得し、それを状況に応じて活用する力であると捉えることができる。そしてそれによって、思考力育成のため

の方策が見えてくる。

　「説明のための順序や筆者の主張を支える根拠を読み解くことで、何かを説明するときにどのように考えればいいのかについて指導」するということを、説明のための文章を「順序づける」方法や説明文の「構造」を読み解く方法、そして、主張を「理由づける」方法を習得し、それを他の場面でも活用できるようにすることと捉えることができれば、具体的な指導の方法や留意すべき事項を見つけやすくなる。そして、新統合理論に合わせて考えれば、教科内容と合わせて思考スキルを指導すると同時に、その思考スキルを別の状況にも活用できるようにメタ認知を育てていくことが思考力育成のために重要なことになる。そして、このような思考力育成の考え方は学習指導要領の中にも見ることができる。

表 3-1　思考スキルの種類とその定義

思考スキル	定義
多面的にみる	多様な視点や観点にたって対象を見る
変化をとらえる	視点を定めて前後の違いをとらえる
順序立てる	視点に基づいて対象を並び替える
比較する	対象の相違点，共通点を見つける
分類する	属性に従って複数のものをまとまりに分ける
変換する	表現の形式（文・図・絵など）を変える
関係づける	学習事項同士のつながりを示す
関連づける	学習事項と実体験・経験のつながりを示す
理由づける	意見や判断の理由を示す
見通す	自らの行為の影響を想定し，適切なものを選択する
抽象化する	事例からきまりや包括的な概念をつくる
焦点化する	重点を定め，注目する対象を決める
評価する	視点や観点をもち根拠に基づいて対象への意見をもつ
応用する	既習事項を用いて課題・問題を解決する
構造化する	順序や筋道をもとに部分同士を関係づける
推論する	根拠にもとづいて先や結果を予想する
具体化する	学習事項に対応した具体例を示す
広げてみる	物事についての意味やイメージ等を広げる
要約する	必要な情報に絞って情報を単純・簡単にする

（泰山ほか 2014）

　小学校・中学校国語科の学習指導要領には「比較や分類、関係付け」などの情報の整理の仕方を技能として習得させることが示されている。

> 比較や分類，関係付けなどの情報の整理の仕方，引用の仕方や出典の示し方について理解を深め，それらを使うこと。
> 中学校国語科、第 1 学年、知識及び技能、(2)、イ

　さらに、総合的な学習の時間においては、「考えるための技法」という用語を用いて以下のように示されている。

> 探究的な学習の過程においては，他者と協働して課題を解決しようとする学習活動や，言語により分析し，まとめたり表現したりするなどの学習活動が行われるようにすること。その際，例えば，比較する，分類する，関連づけるなどの考えるための技法が活用されるようにすること。
> 小学校、中学校総合的な学習の時間、第 3、2、(2)

　これらを見ると、国語の中で習得した比較や分類、関係づけなどの考え方を、より実際に近い文脈での問題解決の場面である総合的な学習の時間で活用し、課題を解決するという学習の流れが想定されていることがわかる。当然、思考スキルは国語の中だけで指導されているわけではない。社会科では、さまざまな事象を多面的・多角的に考察する活動が行われ、技術科では、問題を見出して課題を設定し、設計を具体化することが指導される。

　このように、教科等のさまざまな学習場面において、その教科の特性に応じて考える経験を通して、思考スキルを習得し、それを総合的な学習の時間や他の教科で活用する学習活動を積み重ねることで、思考スキルがどのような場面で活用できるのかが理解され、他の場面にも転移可能なスキルとして習得されていくのである。そのためには、各教科等において子どもに求める思考スキルを教師が自覚し、指導する必要がある。各教科等の学習において

子どもに求められる思考スキルは何か、それは他のどの教科等のどのような学習場面と同じなのかを教師が想定しておくことで、思考スキルの視点から各教科等の学習を相互に関連づけることが可能になる。思考スキルを文脈の異なるさまざまな問題解決場面で意識的に活用する学習を積み重ね、子どものメタ認知を育てることで思考スキルを他の場面で活用可能なものとして習得させ、思考力の育成を目指すことができるのである。

3　思考力の育成と ICT の活用

(1)　思考力育成のための学習プロセスと ICT 活用の可能性

　そのように考えたときに、思考力の育成と ICT の活用はどのような関係になるだろうか。現在の社会において ICT を活用せずに問題解決をすることは考えにくいため、思考力育成を目指して問題解決を行わせる時にも ICT の活用が前提となるだろう。

　思考スキルの視点と実際の問題解決をもとにした学習のプロセスから捉えれば、思考力育成のための学習プロセスとは次の4段階に整理できる。

- ①　思考の対象となる課題を設定すること
- ②　課題の解決に必要となる情報を集めること
- ③　集めた情報を思考スキル等を用いて処理し、自分の考えを構築すること
- ④　考えをまとめ、表現し、振り返ること

　これは総合的な学習の時間で想定される探究のプロセスとも重なる。このようなプロセスにおいて ICT を活用することで、学習がより充実するとともに、そのプロセスの中で情報活用能力が育まれるように指導する必要がある。

　ここからはそれぞれのプロセスにおいて ICT をどのように活用できるかを考えよう。

①　思考の対象となる課題を設定すること

　課題設定は思考のスタートである。この段階では、子どもが本当にやりたいと感じるような課題をどのように設定するのかが重要である。課題設定のためには、課題状況を具体的にイメージし、それを自分ごととして捉えられるようにする必要がある。このときに多様な情報を扱うことができる ICT の特性を活用し、動画や写真などを用いて課題状況をイメージしやすくなるように補助することやそれと自分の思いとのズレを認識させるなどのように、ICT の特性を上手に活かすことで子どもの課題設定を支援することができるだろう。

　身近な自然を題材にするとき、子どもが普段目にするところだけでなく、普段目にすることの少ない自然の様子を動画や写真などで見せることによって、きれいだと思っていたものが本当は汚れている部分があるなどの事実に気づくことができる。それによって「なぜ自然が汚れてしまうのか」や「自然環境を守るために自分たちにできることは何か」といったような課題設定につながることが考えられる。これも ICT を使って状況をイメージさせることで学習の過程が豊かになる例である。もちろん、課題状況を具体的にイメージするためには、ICT を用いるだけでなく、子どもが実際に外に出て観察をしたり、インタビューを行ったりすることも有効である。その際も経験したことを写真や動画、音声データとして記録し、後で振り返る際にも ICT が有効に活用されるだろう。

②　課題の解決に必要となる情報を集めること

　情報の収集の段階では、ICT の特性をより活かすことができる。インターネット上には玉石混交で多様な情報を見つけることができる。テレビ番組などの動画情報なども上手に使えば優良な情報源となりうる。この場面でも、観察やインタビュー等の体験による情報収集ともうまく組み合わせて情報を収集させる必要がある。情報収集段階においては、ただ単に情報を集めるだけでなく情報活用能力を発揮しながら情報を整理したり、その真偽を確かめたりするような工夫も求められる。また、集めた情報を収集・管理する

という側面からも ICT は有効な道具になりうる。撮影した写真、集めた情報、そのときに思ったことなどを記録し、蓄積していくことで、最後の振り返りにつなげやすくなる。

③　集めた情報を思考スキルを用いて分析し、自分の考えを構築すること

　集めた情報を整理・分析する段階では先ほど紹介した思考スキル等を用いながら集めた情報を比較したり、分類したり、構造化したりしながら自分の考えを作り上げていく。この際に ICT の特性を活かすことは難しいこともある。その場合は無理に ICT を活用するのではなく、考えることを補助するためのシンキングツールなどを活用しながら、子どもが考えやすくなるような支援が求められる。

　シンキングツールとは、子どもの思考を補助し、支援するための道具である。思考スキルは目に見えるものではないため、それを児童に意識させるのは簡単ではない。そこで、比較する時にはベン図を使って同じところと違うところを整理する、理由づける時には、クラゲチャートを使って、頭の部分に考え、足の部分に主張を支える根拠を書き込む等のように活用する。そして、どの教科の場面でも同じ考え方をする時には、同じツールを活用することで、思考スキルを意識させ、支援することが可能になる。

表 3-2　思考スキルに対応したシンキングツールの例

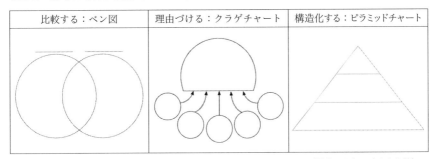

比較する：ベン図	理由づける：クラゲチャート	構造化する：ピラミッドチャート

（黒上ほか（2012）より抜粋）

　情報の分析の際に、ICT の利点が活かせる可能性があるのが学習指導要領で求められる「プログラミング的思考」の育成を目指す場合である。プログ

ラミングを体験させることで、コンピュータがどのように動いているのかについてイメージしやすくなると同時に、「自分が意図する一連の活動を実現するために、どのような動きの組合せが必要であり、一つひとつの動きに対応した記号を、どのように組み合わせたらいいのか、記号の組合せをどのように改善していけば、より意図した活動に近づくのか、といったことを論理的に考えていく力」であるプログラミング的思考という枠組みで物事を捉えられるようになる可能性がある。ICT を活用し、プログラミングを体験する中で、物事を問題解決のプロセスを見通し論理的に考える方法やその順序を具体的に組み合わせていくという考え方が身につけられる可能性がある。

　プログラミングについてはこれまでも中学校では技術科、高等学校においては情報科において指導されている内容である。小学校課程においてはそれを扱う科目がないため、各教科等の学習の中で指導されることになる。それぞれの段階において育成を目指す資質・能力が、プログラミングスキルなのか、プログラミングの概念の理解なのか、それともプログラミング的思考の育成なのか、育成を目指す資質・能力を明確にした上で、各教科等における学習に適切に位置づけることが求められる。

④　考えをまとめ、表現し、振り返ること

　考えをまとめて発表する際にも ICT の活用が有効である。文章やポスターなどにまとめたり、プレゼンテーションを行ったりする際にはカスタマイズが容易であるという ICT の特徴を上手に活かしながら、まとめや表現を行うことが有効である。

　まとめ、表現の際には「何のために」「誰に」表現するのかを充分に意識させた上でどのような方法で表現するのかを選択させることで情報活用能力の育成を図ることが可能になる。この段階では学習を振り返り、学びを自覚し、また新たな課題を設定する等の学習活動が求められる。その際には、時間的制約を超えるという ICT の特性を活かして、過去のワークシートなどを個人のタブレット PC などに蓄積しておき、そこに記述されている昔の考えと今の考えを比べて学びを自覚させたり、昔の写真やデータと今のものを比べ

て状況がどのように改善されたのかを明らかにしたりするなどの学習展開が考えられる。

4　まとめ──これから求められる ICT 活用

　学習のプロセスに合わせて ICT の利点を活かすことで問題解決の過程を豊かにすることができ、それによって実際の文脈の中で思考スキルが習得・活用され、メタ認知が育てられることから、思考力の育成を目指すことができる。

　どのような場面でどのように ICT を活用するべきかについては、子どもの状況や学校の設備、学習目標によって異なるため、こうすればいいという正解があるわけではない。大切なことは何のためにどのような機器を活用するのかを充分に検討した上で、問題解決のプロセスが充実するように ICT を活用することである。

　ICT を使えば思考力が育成できるのではなく、ICT も含んだ多様な学習環境の中で行われる豊かな問題解決の過程を通して、思考力が育まれていくと捉えるべきである。

　これからの教師に求められる力は、子どもにどんな力を身につけさせたいのかを具体的にイメージする力と、そのような力が発揮されるような充実した問題解決のプロセスやその必然性のある状況を作り出す力である。

　新しい時代に求められる資質・能力を育成するために、ICT などの学習環境をうまく活用することが重要である。

参考文献

香川秀太 (2011)「状況論の拡大：状況的学習，文脈横断，そして共同体間の「境界」を問う議論へ」『認知科学』18 巻―4 号，604-623

黒上晴夫，小島亜華里，泰山裕 (2012)「シンキングツール〜考えることを教えたい〜」http://ks-lab.net/haruo/thinking_tool/short.pdf（参照日：2017 年 11 月 30 日）

泰山裕，小島亜華里，黒上晴夫 (2014)「体系的な情報教育に向けた教科共通の思考スキル

の検討〜学習指導要領とその解説の分析から〜」『日本教育工学会論文誌』37 巻―4 号,
375-386

Bruer, J., T.（1993）*Schools for Thought: A Science of Learning in the Classroom*, The MIT Press. =
松田文子・森敏昭監訳（1997）『授業が変わる―認知心理学と教育実践が手を結ぶとき』
北大路書房

さらに勉強したい人のための文献案内

(1)　奈須正裕（2017）『「資質・能力」と学びのメカニズム』東洋館
本章で説明した資質・能力の育成について、中教審答申をもとに、さらに詳細な解説が
なされている。平成 29 年 3 月に公開された新学習指導要領で求められる指導について
理解するために重要な一冊である。

(2)　関西大学初等部『関大初等部式思考力育成法ガイドブック』さくら社
本章で触れた思考スキルと思考ツールの活用による思考力育成について取り組んでいる
小学校がその実践をまとめたものである。思考スキルを習得、活用を目指して、思考力
を育成するための方法について理解することができる。

第 4 章　日常的に ICT を活用した授業

今野 貴之

1　はじめに

　普通教室に ICT が導入されるようになり、多くの学校では授業で ICT を活用出来る環境が整いつつある。ICT は学校において特別な機器ではなくなった。導入当初は、物珍しさもあり、まず使ってみようという授業も散見したが、ICT を使うこと自体は目的ではなく、授業の目的を達成するための道具としての ICT という理解が、多くの教師に共有されている。ICT は目的を達成するための道具であることを教師が理解していても、学校現場を見るといまだに ICT を用いることを目的とした授業が多く展開されている。

　「ICT 活用」とは何を指しているのだろうか。本章では ICT を日常的に用いた授業について、① ICT 活用とは何か、② ICT の効果的な活用方法の誤解、③教育技術の表面的な模倣、④ ICT を日常的に授業で用いるための環境づくりの 4 つの観点から検討する。

2　ICT 活用とは何か

　「ICT を活用した授業」や「ICT 活用」という用語がよく使われるが、それはどのような授業を指すのだろうか。文部科学省の説明では、一斉学習、個別学習、協働学習などの学習場面ごとに活用のポイントを示しているが、具体的に日々の授業においてどのように活用すべきか示しているわけではない。

　授業で活用する ICT は、実物投影機(書画カメラ)、大型モニタ、パソコン、スクリーン、電子黒板、デジタル教科書、タブレット PC、学校放送番組、

各種ソフトウェアアプリケーションなどさまざまである。それらを校種や教科、単元、学習場面ごとに使い方を一つずつ提示することは、状況があまりにも異なるため現実的ではない。その意味で「ICT 活用」という用語からは、一人ひとりの教師が具体的に ICT をどのように用いるべきか明確に示されない。いくつかの事例が示されてはいるが、限定的であり、事例を見た教師が自身の授業にそのまま適用できるわけではない。ICT 活用は教師の力量に大きく依存しているといえる。

　日々の授業で ICT を活用するための視点は、大きく二つに分けられる。一つは、教師が子どもに学習内容をわかりやすく教えるために ICT を使うことである。もう一つは、子どもが道具として ICT を調べたり整理したりするために使うことである。これら二つの「ICT 活用」をするために、ICT の使用を難易度別に**表 4-1** に整理した。難易度は、それらを使って授業の準備をする時間、教師自身が機器に慣れるための時間の長さで分類した（今野2014, 2015）。

表 4-1　教室での ICT 活用の難易度

易	1.	実物投影機（書画カメラ）＋プロジェクタ
	2.	パソコン（PC）＋プロジェクタ／大型モニタ
	3.	電子黒板
	4.	デジタル教科書／教師 1 台タブレット PC
	5.	グループ 1 台タブレット端末
難	6.	1 人 1 台タブレット端末

（文部科学省 2015）

　1 から 4 までは一斉指導を中心に用いられる。つまり教師が子どもに学習内容をわかりやすく教えるための ICT である。実物投影機を使えば、教科書や資料集、子どもが書いたプリントなどの紙を教室のすべての子どもに拡大して提示ができる。また、PC とプロジェクタあるいは大型モニタの組み合わせでは、自作教材を提示したり学校放送番組を映したりすることが出来る。

　教師は、小型の実物投影機については教室外への持ち運びができる。また、

教室や職員室で PC を使うだけでなく、自宅でも利用することができるため操作に慣れる機会は多くある。このように実物投影機や PC は教師にとって比較的使いやすい ICT といえる。

　一方、3 や 4 の電子黒板やデジタル教科書はそれらとは異なり、いつでもどこでも使用できるわけではなく使用の難易度が実物投影機や PC より高くなる。電子黒板は、その大きさから「教室」という環境での使用に限定される。電子黒板の種類によっては、教師が自宅で教材研究などもできるが、その携帯性は、PC や実物投影機の比にならないくらい低い。さらに電子黒板と併用される教師用デジタル教科書は高額なため、十分な予算が必要になる。

　それでも電子黒板やデジタル教科書には大きなメリットがある。教師の自作教材の提示に加え、教師と子ども、子ども同士の相互作用を促しやすくなる。さらに、デジタル教科書に慣れるのには時間がかかるが、習熟さえすれば教材研究の時間短縮が期待される（文部科学省 2014）。

　5 や 6 のタブレット PC は、基本教師の手元ではなく、子どもがもつものであるため、授業中、教師がコントロールできるわけではない。1 人 1 台タブレット PC の学習環境では、子どもの能動的な学習を引き出せるという研究が報告されているが、子どもがもつタブレット PC は、教師の指示通りに使用されるわけではない。たとえば、クラス全員でひとつの学習課題について議論し合おうと教師が考えていても、何名かの子どもは、自分と異なる立場の発表を聞いている際にタブレット PC で調べ学習をしていたり、相手の立場に関することをタブレット PC で調べたりすることがある（今野 2016）。このような授業中の子どもの行為は授業の内容とかけ離れているというわけでもない。むしろ、子ども自身が知らない内容をその場で調べようとしている学習活動であろう。しかし、それにより学級における授業が行いにくくなることもあり得る。

　タブレット PC が導入され、子どもが必要なときにすぐに使えるようになってきた。一方で、授業におけるタブレット PC 利用のルール設定のような手立てを取ることも必要である。それは子どもの探究的な活動にある意味、制限を与えていることにもつながるかもしれない。タブレット PC を用いて

子どもの学習を進めるというような機器を中心とした授業を考えるのではなく、授業におけるタブレット PC と子どもの相互作用を踏まえた上で、授業では何をねらうのかを明確にして授業設計を行う必要がある。

3　効果的な活用方法の誤解

　ICT 活用の政策が実行に移され、文部科学省や都道府県の市区町村教育委員会から ICT を活用した授業事例が公開され、多様な学習活動が報告されるようになった。全国の教育委員会や教育機関がもつ学習指導案、教材・素材（指導事例、研究資料、研究報告書など）、指導資料（指導事例、研究資料、研究報告書、パンフレットなど）は、教育情報共有ポータルサイトから（国立教育政策研究所 2017）検索・閲覧することができるようになっている。日本教育工学協議会や日本教育工学会などの学術団体においても、ICT を活用した授業の研究報告が多数おこなわれ、学校で取り組む事例報告も増えてきた。

　しかし、学校や教室の置かれている状況が異なるため、事例報告がそのまま他の学校へ適応できるわけではない。資料を検索・閲覧しやすくなったとはいえ、日々の授業づくりのために、数多くある事例をすべて読み込む時間はもてない。そのような中で、これから ICT を活用していこうと考える教師は、以下のような疑問をもつだろう。

　①　ICT を用いた授業を行えば学力は上がるのか
　②　どの教科、どの単元、どの学習場面で ICT を用いるのが良いか
　③　どうしたら効果的、効率的に ICT を活用できるか

　表 4-1 のような ICT を授業で用いることによって子どもの授業への理解が深まり学力が向上したり、主体的な学びが促されたり、客観テストでの点数が上がったりするという報告がされている（文部科学省 2015）。

　どの教科、どの単元、どの学習場面で ICT を用いるのが良いかという問いに関する研究成果がある。それは小学校の教科の一斉指導において、学校

放送番組や ICT を組み合わせてどのような活用がされているのかを調査した研究である（高橋ほか 2008）。具体的には、教師経験が 10 年以上で日常的に ICT を活用している教師を対象に、ICT を活用した授業の目的・頻度・授業場面などの事例を調査した。その調査から三つのことがわかった。

　第 1 に、各授業において授業の全ての時間に ICT を用いた場合はほとんどなく、授業で 1 回ないしは複数回、それぞれの教師が考える時間幅や授業場面で ICT が用いられていた。この調査結果と同様に、ICT の活用は、授業時間全体ではなく授業の短い時間で複数回活用されることや、それぞれの教師に依存して活用がされている報告がされている（堀田・木原 2008）。

　第 2 に、授業で最も多く活用されている ICT は実物投影機であったことがわかった。実物投影機で映すのは教科書や子どもが書いたノートであり、教室の全員へ拡大して提示することのみを目的としていた。

　第 3 に、最も多い活用の目的は、教師が授業の内容を子どもにわかりやすく説明するために資料を提示することであった。たとえば学校放送番組、デジタルコンテンツなどの資料を説明することや、実物投影機を用いた教科書やノート、教科のワークシートなど教師の説明資料のために ICT を使用していた。次に、動機づけ、繰り返しによる知識の定着のために使用されていた。これらが示すのは、ICT の活用目的が異なっても、最も回数が多いのは教師の説明資料のために ICT が用いられていたということである。

　以上の調査結果から「どの教科、どの単元、どの学習場面で ICT を用いるのが良いか」「どうしたら効果的、効率的に ICT を活用できるか」という疑問に答えるとするならば、子どもや教室の状況を鑑みて、教師が工夫して効果のある方法を探る必要があることと、ICT を使いさえすれば学習効果が高まるという単純なものではないということがいえる。つまり、ICT の活用に唯一の方法や答えがあるわけではない。授業設計に悩んだり、同僚教師と検討したりしながら、目の前の子どもにとってわかりやすい授業を行うため、かつ、教師自身に負担がかからない方法を見つけていくことが肝要である。

4 教育技術の表面的な模倣

　教師が ICT を活用して新しい教育方法を授業に導入することがある。た
とえば、大型モニタで学校放送番組を見せて子どもの学習動機を促したり、
パソコンと電子黒板を使って子どもに発表させたり、グループで話し合いを
する協働的な学習を促したりする授業である。

　子どもが積極的に授業に参加している様子が伺えたとしても、授業中の子
どもは教師の指示の通りに動いているだけかもしれず、授業形態が変わった
からといって授業の目的が達成されたかどうかわからない。子どもの興味や
関心を促進することの意義は「どうしてだろう」「なぜだろう」と子どもに知
的な心の働きを促すことである。しかし、子どもが興味や関心をもって積極
的に取り組んでいるように見えさえすれば、能動的な学習活動が展開されて
いると見なしがちになる。

　授業中に ICT を使って新しい教育方法を導入したとしても、その意味を
理解しないまま実践すると、子どもは学習内容を理解出来ないという結果
を引き起こす。これは「教育技術の表面的な模倣」という問題といえる（田中
2006）。

　「教育技術の表面的な模倣」が起こる原因を三つに整理する。

　第 1 に、ICT の操作に重点が置かれた教員研修のあり方に原因がある。そ
こには、ICT の使い方さえ知っていれば、効果的な授業を行う力を教師はもっ
ているという思い込みがある。これでは、教師は新しい教育技術を用いる意
味・意義を理解しないまま、授業に ICT を導入することになる。ICT を活
用した新しい教育方法を導入するには、先行事例をそのまま取り入れるので
はなく、その学校の文化に適するように改良し、さらに、教師自身もそれら
の意義を理解した上で授業に組み入れる必要がある。これはその学校や、授
業を行う教師にしかできないことである。

　第 2 に、ICT を活用した新しい教育方法を導入しようとする教育委員会
とそれを受け入れる教師の間にある考え方のギャップである。教育委員会は、
地域の学校に ICT を導入しようとする。そのねらいは、より良い授業を進

めるためであり、導入する機器を選定する。このプロセスのあとで、学校に
ICT が配置されるが、教師は機器の選定のプロセスには参加できるわけでは
ない。教育委員会が導入した新しい ICT やアプリ、新しい教育技術・方法
を教師が十分に理解しないまま実践せざるを得ない状況に陥ることがある。

　第 3 に、ICT を導入したら「まずは実践を行う」から始まるためである。
ICT の導入後、授業での活用方法を理解しないまま使わなければならない状
況に教師は直面する。上述したように、他の事例がそのまま自分の学校でも
当てはまるわけではない。教育委員会や学校から、各教師に対して「導入さ
れた ICT を用いて実践を進めてほしい」という指令が下される。しかし、こ
れでは ICT を用いることが目的になるだけでなく、適切な活用法が分から
ない教師にとっては大きな負担となる。

　これら三つの原因に対し、地域の状況に合った教育の情報化についての指
針を作る必要がある。指針は具体的でなくとも、教科を超えて活用のイメー
ジをもつことにつながる。たとえば教師の資料提示に用いる、協働学習に用
いる、表現活動に用いるなどの枠組みを提示することで、地域の状況に少し
でも参考になる ICT 活用事例を収集しやすくなる。

　日常の授業において「教育技術の表面的な模倣」にならないためには、ICT
の活用から授業づくりを行うのではなく、学校や学級、教師の目の前の状況
を踏まえて、授業のねらいを達成するためにはどのような方法を用いること
が最善であるかを教師自身が判断する必要がある。

　今後の課題としては、ICT の活用が、表面的な授業実践で終わらせないた
めの具体策を検討することである。たとえば本章の内容から押さえておくべ
きポイントとしては「教育文化」という言葉である。教師が行う学習指導は、
教師の教育技術のみによって行われるのではなく一つの文化的営みの現れで
あり、それ自体が教育文化である (山田 2009)。この教育文化は教師個人だけ
でなく、他者との相互構成によって集団的、歴史的につくられてきたもので
ある。この考えに基づくと、ICT を活用した教育実践は、それまで ICT を
活用していない教師からすれば、他の「教育文化」をもち込まれるというこ
とであり、教育文化の押しつけとして捉えられる可能性を示唆する。

5　ICT を日常的に授業で用いるための環境づくり

　新学習指導要領では「情報活用能力」「ICT を学習で活用する力」が子ども
の「学習の基盤」と位置づけられた。これは先に示した「ICT 活用」、すなわ
ち「教師が子どもに学習内容をわかりやすく教えるために ICT を使うこと」
「子どもが道具として ICT を使いこなして調べたり整理したりする力を身に
つけること」の二つが学習の基盤として明言されたことを意味する。新学習
指導要領で期待されている学習活動、たとえば子どもたちが自ら調べたり発
表したりするような学習は ICT を使えなかったら成り立たない。

　では、授業で ICT を使うことに対する教師の負担はどうだろうか。近年
の団塊世代の退職と、若手の採用もあり、昔に比べると ICT に対する抵抗
感は低くなっている。また、教師自身が普段スマートフォンやタブレット
PC を使用していることから、それらを授業中に使えないことに、不便さを
抱く教師が増えている。社会と学校現場の境界を越境する必要が、教師側の
立場からもあると言える。

　一方、ICT を授業に用いることに不安を抱く教師もいるだろう。しかし、
そのような不安は ICT に限ったことではない。書写や音楽、水泳指導が苦
手な教師でも、子どもたちにそれらを教えているのと同じことである。教師
自身が得意なものしか教えられない、というものではない。

　上記の内容を踏まえて、ICT を日常的に授業で用いるための環境づくりの
三つのポイントを示す。

⑴　常設：スイッチひとつで ICT を使用できる環境づくり

　機器の移動、配置、配線、調達の手間を最小限にすることが必要である (野
中ほか 2009)。接続の時間や問題が起きた際の対応、映像が止まる、授業の
準備が大変などの教師が抱く ICT への不安は、ICT の常設によって解消さ
れやすい。なぜなら、普通教室に常に設置され、スイッチひとつで ICT の
電源が入り、授業で用いることができる環境であれば、機器の接続の問題や
準備に時間がかかることはなくなるためである。たとえば家庭でのテレビや

洗濯機などの電化製品を思い浮かべてみよう。家庭の電化製品は常に部屋に設置されているため、使用する際にわざわざケーブルを繋ぐ必要はなく、スイッチひとつで動くように配置されている。そして長期間にわたって使用できる。常に設置されていることから、使用方法に関して悩むことは少なく、その分、部屋のレイアウトや居心地の良さなどに関心を向けることができる。家庭での電化製品のように、教室に常に ICT が設置されているのであれば、教師はその使用方法自体に悩むことは少なくなり、どのような学習場面で用いることができるのか授業設計を行う時間をもちやすくなる。

　さらに、常設の留意すべき点としては、日常的な授業スタイルである一斉指導場面に対応した ICT 環境をつくることである。教師の ICT 活用において最も回数が多いのは教師の説明資料、つまり、一斉指導場面における ICT の使用である（高橋ほか 2008）。その際の ICT は教師が日常に使っているものを取り入れることが、使いやすさの観点から見れば理想であろう。そのような環境づくりを行うことにより、教師の負担を少なくして ICT を授業で用いることにつながる。

⑵　授業者の裁量による変更を可能にする

　普通教室において ICT を日常的に活用するためのインフラ面の整備の注意点が二つある（野中ほか 2009）。一つは、板書とプロジェクタによる投影を組み合わせることである。ICT を日常的に活用している教員は、板書とプロジェクタの関連づけや教師、子どもの書き込み感に関して重要であると考えている。そのため板書内へプロジェクタを投影する設置方法では板書のエリアを減少させていることから課題があると認識しつつも、機器の設置等の手間を減らすために機器を固定することについては肯定的に捉えている。

　もう一つは、機器の配置や投影場所等を完全に固定せず、必要に応じて配置の変更ができるように配慮することである。機器の設置などの手間が省け、必要な時には投影位置を移動できるような、授業者のねらいによって ICT の位置の変更を可能にするような整備が必要である。

　これら 2 点については、教室への ICT 導入時にできる限り配慮する必要

があると言える。

⑶ 子どもと学習環境の相互作用をつくる

　教師は、授業のねらいを子どもに達成させるために、彼らの能力や適性に配慮し、教え方を工夫することや、彼らが自分のペースで自分なりに工夫するような指導方法を用いる。こうした授業は、知識・技能を定着させる上でも、また、子どもの学習意欲を高める上でも効果的であることが、これまでの実践の成果から報告されている（文部科学省 2014）。さらに、このような授業はアクティブ・ラーニングと表現される場合もある。アクティブ・ラーニングにおいて教師は「何を教えるか」という知識の質や量の改善はもちろんのこと「どのように学ぶか」という、子どもの学びの質や深まりを重視することが必要である。また、課題の発見と解決に向けて主体的・協働的に学ぶ学習や、そのための指導の方法等を充実させていく必要がある。子どもが主体的・協働的に学ぶために、教師はその学習環境を設定することが求められている。その学習環境を子どもに自由に使わせるのである。この学習環境においてICTは一つの道具にすぎず、また「学習活動」も学習環境に含まれる。その意味で、子どもと学習環境の相互作用という「関係性」をつくることになる。

　もちろん、参加型学習やアクティブ・ラーニングのような言葉を用いらなくとも、そのような授業実践を以前から行っている教師は多くいる。大事なのは、学習活動の一部を子どもに委ねる場合もあるし、そうでない場合も設定するということだ。それぞれの学習環境に上手く適応できる子を上手く生かして、授業のムードを作って教えられれば良い。その適正バランスは一概にはいえないが、前述した「教育技術の表面的な模倣」にならないように注意する必要がある。

参考文献

今野貴之 (2014)「電子黒板と授業力量形成」『学習情報研究』241 号：44-47

今野貴之 (2015)「日常的な ICT 活用のポイント」『学習情報研究』244 号：6-9

今野貴之 (2016)「1 人 1 台タブレット端末環境における学校放送番組活用のための手立て」『日本教育工学会論文誌』40 (Suppl.)：101-104

今野貴之，堀田博史，中川一史 (2017)「教員研修を受けた教師のタブレット端末活用プロセスとその要因—市内全校児童生徒へ 1 人 1 台のタブレット端末を一斉整備した B 市を事例として—」『教育メディア研究』24 (1)：57-70

国立教育政策研究所 (2017) 教育情報共有ポータルサイト https://www.conet.nier.go.jp/（参照日：2017.11.1)

国立情報学研究所 (2007)「キー・コンピテンシーの生涯学習政策指標としての活用可能性に関する調査研究」http://www.nier.go.jp/04_kenkyu_annai/div03-shogai.html（参照日：2017.11.1)

P. Griffin, B. McGaw, E. Care (eds.) (2012) Assessment and Teaching of 21st Century Skills, Springer

高橋純・木原俊行・中山実・武田一則・桑山裕明・宇治橋祐之・佐藤知条 (2008)「小学校の学習単元における学校放送番組や ICT の活用に関する調査」『日本教育工学会研究報告集』08-5：165-170

田中義隆 (2006)『ベトナムの教育改革』明石書店

野中陽一・石塚丈晴・高橋純・堀田龍也・青木栄太・山田智之 (2009)「普通教室で ICT を日常的に活用するための環境構成に関する調査」『日本教育工学会論文誌』33 (Suppl.)：129-132

堀田龍也・木原俊行 (2008)「我が国における学力向上を目指した ICT 活用の現状と課題」『日本教育工学会論文誌』32 (3)：253-263

文部科学省 (2014)「学びのイノベーション事業　実証研究報告書」http://jouhouka.mext.go.jp/school/innovation/（参照日：2017.7.31)

文部科学省 (2015)「ICT を活用した教育の推進に資する実証事業」http://jouhouka.mext.go.jp/school/ict_substantiation/（参照日：2017.11.1)

山田肖子 (2009)『国際協力と学校』創成社

さらに勉強したい人のための文献案内

(1)　堀田龍也 (2017)『新学習指導要領時代の間違えない ICT　総合教育技術 増刊』小学館
　　新学習指導要領で学習の基盤とされている ICT を、指導要領作成の意図と合わせて、現場の教師の目線からわかりやすく説明されている。また、小学校からのプログラミング教育についても解説している。

(2)　稲垣忠・鈴木克明 (2011)『授業設計マニュアル Ver.2—教師のためのインストラクショナルデザイン』北大路書房
　　毎日の授業をどのようにつくっていけば良いのか、近年の授業設計の理論や方法論、評価など授業づくりの基本から応用まで幅広く集約されている一冊。学習者にとってわかりやすい授業を作るための工夫や ICT の位置付けの説明も詳しい。

第5章　学び続ける専門職としての教師

寺嶋 浩介

1　はじめに

　本章においては、まず「専門職」とは何かということについて、解説をする。加えて、専門職の教育において ICT がどのように活用されているのかについて、事例を紹介する。その上で、教師が専門職かどうかについて考えるための視点について説明をしている。まず本章の前半においては「教師は専門職か」と「それはなぜか」ということについて考えたり、話し合ったりして欲しい。

　次に、ICT を活用した教育が進む中、それに対応する教師がどのように育てられようとしているかについて、大学での教師の養成、教育委員会による採用と研修のシステムがどのように組み立てられているのかについて述べる。ICT を活用した教育に対応できる教師として、こうしたシステムで成長することができるか、今後 ICT をどう捉え、教育や教職について捉えていけば良いかについて考えて欲しい。

　以上を踏まえて、今後教師として成長するための視点を「経験学習」という理論の枠組みを用いて説明する。皆さんには、「経験から学ぶ力」があるかどうかについて深く考えていただき、今後教師として、社会人として成長していくためには自身のどういう態度が必要かについて考えて欲しい。

　また、最後には専門職としての教師という視点から、他の章で紹介される ICT 活用の事例に目を通した時に考えてほしいことについて説明した。

2　これからの時代に必要な「専門職」

⑴　専門職とはどのような職業か

　知識基盤社会においては、一つひとつの問題が複雑であるため、今ある知識をそのまま適用するだけでは問題を解決することは難しい。高次な知識やそれらを組み合わせて問題の解決に向けて考えることが必要である。こうしたことから「専門職」を中心に、さまざまな立場の人が協力をすることが求められている。「専門職」という言葉を聞いて、どういう職業をイメージするだろうか。

　「職業が専門化されている程度」として、以下のような特徴があるという（Abercrombie *et al.* 2000=2005:328）。

①　理論的知識に基づいた技能の使用
②　これらの技能（注：専門的技能）の教育と訓練
③　試験によって保証された専門職の能力
④　専門職としての信頼を保証する行動規範
⑤　公共のためのサービスの履行
⑥　成因を組織化する専門職団体

　訳書なので、少し意味がわかりにくいところがあるかもしれないが、①から③では、何か高い技術力を身につけており、それが理論的な知見に基づいていること、その内容に関する専門的な教育を受けており、もっている知識や技能が保証されていることなどが挙げられよう。また、それらが技能としてただできるだけではなく、職務を進める際には倫理や責任もはらんでいることが④や⑤からわかる。⑥の「組織化」というのは少し難しいが、その職業による団体（○○協会など）があり、その学びの基準や倫理が常に議論される場にあることが条件となる。

　日本における専門職の位置づけとして明記されているのは、労働基準法第14条がある。ここでは、「専門的知識等を有する労働者」について触れられており、具体的には「専門的知識、技術又は経験であって高度のものとして厚生労働大臣が定める基準に該当する専門的知識等を有する労働者」と書かれ

ている。以下のような人たちの一部が専門的知識等を有することになる。

① 博士の学位を有する者

② 以下のいずれかの資格を有する者

③ 情報処理技術者試験区分のうちシステムアナリスト試験に合格した者

ここで②に書かれているものは、公認会計士、医師、歯科医師、獣医師、弁護士、一級建築士、税理士、薬剤師、社会保険労務士、不動産鑑定士、技術士、弁理士が列挙されている。確かに一般的に聞くところで考えると、その資格試験は難しいイメージがある。

専門職はある特定の分野において、膨大な知識をもっていること、またもっているだけではなくそれをいろいろな状況に当てはめて活用できることにその特徴がある。また、特定の問題状況について、専門知識を用いて分析できることが必要となる。その際には、対象者（たとえば医者なら患者）との深いコミュニケーションも要求されよう。加えて、こうした専門知識は環境や研究を通して随時更新されていくため、一度資格を得たとしても継続的に学習していくことが求められる。

⑵ 専門職の教育における ICT 活用

さて、それではその専門職をどのように育てればよいだろうか。そして、それは本書のテーマの ICT を活用した教育とどのような関係があるだろうか。

ICT 活用の前に、専門家を育成する教育においては当たり前のことだが、知識に基づく実務技能の試験や訓練が欠かせない。医師を例に取ってみるとわかるが、実際の診療のトレーニングを積んでおらず、いろんな病名や症状を知っていても、現実の状況に対応できなければ通用しない。こうした視点から、より実践的に学習できるように、ICT が活用される。ICT が活用されなければ、たとえば学校の教育は教室の中だけでの学習に限定されるように、専門職の学びも、机上の理論の学習に終わってしまい、現場での実践につながらない。

その中でもシミュレーション教育が広く行われるというのが、専門職とし

ての特徴であろう。たとえば医学教育においては、2000 年以降にシミュレーション教育や e ラーニングの普及があり、特に救急蘇生関連のプログラムを始めとして広く利用されるようになったが、その応用領域が広がってきているという（大西 2016）。シミュレーションについて、「実践では失敗を前提として治療や検査などを行うことは許されないが、シミュレーションなら失敗から学ぶことを前提としても許される」（大西 2016:27）とその効果が述べられている。また、e ラーニングにおいては時間や空間を選ばず学習に取り組めることから、へき地勤務でも学習することができるなどとして、メリットが見出されている。

　法科大学院で実務技能を育成するための教育でも、講義形式の授業のみでは十分でなく、シミュレーション教育を取り入れている（金子ら 2009）。模擬法律相談、模擬和解交渉、模擬調停などの場面をビデオ収録し、Web を通してそれぞれの場面にコメントを付け、学習者間で共有するようなシステムを開発している。

　以上のように、現実環境を対象として、高次で複雑なシステムを適用する事例についてより深く考えさせるために、e ラーニング教材や Web システムが活用されている。

3　専門職としての教師を考えよう

⑴　教師は誰にでもできる仕事だろうか？

　本書の読者が目指している「教師」は果たして専門職だろうか？確かに大学での教職課程での学習、教育実習を通して免許を取得することになっているため、誰にでもできるわけではない。子どもを指導するにあたり、教科内容についての知識や、最近では特に発達障害などの特別ニーズに配慮した指導など、求められる技術は幅広い。その一方で、「これは本当に教師がやる必要があるのか？」というような仕事が多いということが報道され、雑務が非常に多いというのも、教師のイメージにはある。

　さてこれらの中で、教師という職業は専門職といえるだろうか？今現在は、

少なくともそれが認められるような環境が整備されつつあるといったところであろう。たとえば、専門職大学院として教職大学院が全国各地にできるようになったのも、このような背景から生じているところである（文部科学省2010）。教師が専門職としてより認められるようになるためには何が必要だろうか？教師は誰でもできる仕事だろうか？確かに免許をもたないとできない仕事のため、誰でもできるわけではない。では、いったん免許を取ることができれば、もう教師を専門職として認めてしまっても良いだろうか。

⑵　専門職としての教師が学び続けるためのシステム

1)　教師にとって「高度な知識と技術」は存在するか？

「専門家の要件」として、教師教育の分野でも以下の五つが述べられている（佐藤 2015:34）。これを見た時に、教師は専門職といえるだろうか？

① その仕事が私的利益の目的ではなく、公共的な利益、すなわち人々の幸福を目的とする仕事であること。

② その仕事が大衆が保有していない高度の知識と技術によって遂行されていること。

③ 専門家協会 (professional association) を組織して、自律的に免許と資格を認定し、高度の専門性を維持し更新する研修の制度を確立していること。

④ 政策や行政から独立した自律性を与えられていること。

⑤ 倫理綱領を有していること。

以上は本章冒頭に取り挙げた「職業が専門化される程度」とも一致する。これらの要件を照らし合わせ、「教師は『専門家』とは称されているが、現実には専門職になり得ていないことが明白」であり、①以外の要件以外を満たしていない、という指摘がある（佐藤 2015:35）。③や⑤に関しては、現実的にないということで判断がしやすいが、②や④についてはどうだろうか。特に②にある教師の「高度な知識と技術」は存在するだろうか？皆さんのこれまでの経験等から、考えてみよう。

2)　教職の高度化と専門職化を目指して

　先に取り上げた状況を改善するために、特に「高度の知識と技術」を明確化し、他の人にはできないが教師だからこそできるものは何かということを大学や教育委員会が明確にしようとしている。確かにこれがないと、「あの人の授業力はすごい」とか、「生徒指導に長けた素晴らしい先生だ」ということが何を意味するかがわからない。しかし、それが実際には明確ではなかった。今は、教師に求められる知識や技術の段階性を明確にし、大学での教員養成、そしてその後の教育委員会等における採用・研修の一体化が図られようとしている。

　その中心を担うのが「教職専門性基準（教職スタンダードと呼ばれることが多い）」である。教職においてどのような専門性が求められるかを細分化し、その段階性をまとめたものである。今のところこれは、各地域の教育委員会レベルで行われている。例えば横浜市では、「教職員のキャリアステージにおける人材育成指標」が公開されている（横浜市教育委員会 2017）。ここでは、教職の素養に加え、教職専門性（児童・生徒指導、インクルーシブ教育、授業力、マネジメント力、連携・協働力）についてそれぞれ、「横浜市が求める着任時の姿」「第 1 ステージ（実践力を磨き教職の基礎を固める）」「第 2 ステージ（専門性を高めグループのリーダーとして推進力を発揮する）」「第 3 ステージ（豊富な経験を活かし広い視野で組織的な運営を行う）」の段階で求められる姿が具体的に示されている。このように教師育成のための指標を明確にしていくこと、そしてそれは各教育委員会だけではなく、各地域の教員養成段階を受けもつ教員養成大学・学部と協働して開発していくことが今後、求められている。

　また、このような育成指標をもとに、教師の仕事を複数のレベルに細分化し、その段階を順次移行できるようにする仕組みづくりも提案されている。数段階の職階のはしごを登る様子にたとえ、専門職においては「キャリアラダー」などと呼ばれる。たとえば、看護師の世界ではキャリアラダーの考えを生かし、経験年数だけではない臨床能力を評価するような試みを行うようになりつつある（勝原 2007）。教師としての成長についても、そのようなことを追従している。

4　ICT 教育に対応できる教師はどのように育てられようとしているか

⑴　プロフェッショナルかスペシャリストか

　ここまで、「専門職」や「専門家」という言葉を用いてきたが、これがあてはまる英語訳として「professional」や「specialist」がある。それぞれの違いに関しては各種定義があるが、より特定された技能に長けた「specialist」に対し、広く知識・技能を総合し、問題解決にあたる「professional」と区別できる。

　教師はプロフェッショナルという意味での専門職である。いわゆる「ICT の活用」を始めとする教育の情報化への対応は、昔は特定の教科で指導をするとか、あるいは得意な人に任せるというように、スペシャリストが期待されてきたかもしれないが、現在では教育を充実させるのにどの教師にとっても不可欠となってきている。すなわちプロフェッショナルな教師として ICT 活用に長けていることが前提となっている。これと対比される中で、ICT 活用に関するスペシャリストの存在もクローズアップされてくるようになった。

⑵　プロフェッショナルな教師への成長に向けた養成・採用・研修

　これまで、ICT 活用に関しては、「教員の ICT 活用指導力の基準（チェックリスト）」（文部科学省 2007）が公開され、毎年調査が行われてきた。これは、「教材研究・指導の準備・評価などに ICT を活用する能力」「授業中に ICT を活用して指導する能力」「児童・生徒の ICT 活用を指導する能力」「情報モラルなどを指導する能力」「校務に ICT を活用する能力」の 5 つの大項目と 23 の小項目から成り立つ。今はこれが改善される途上であるが、まずは全員にとって一般的には目指されるところとなっている。この力を育成するために、教員養成や研修が行われている。

1）　養成段階では

　教員養成段階においては、これまで各大学でそれぞれのカリキュラムが組まれてきたが、今後「コアカリキュラム」を中心に講義等が行われる。教師

以外の専門職業人養成課程（例えば、医学教育、獣医学教育、法科大学院等）にお
いては、すでに「コアカリキュラム」が開発されてきた。これは、同じ専門
職を目指しているにもかかわらず、大学や担当者での違いを生まないように、
核（コア）としていったい何を目標に、どういうことを学ばなければいけない
のかを明確にしたカリキュラムのことを指す。ICT の活用は、「教育の方法
及び技術（情報機器及び教材の活用を含む。）」で学ぶことになっている。ここで
ICT 教育に関しては、以下のように、目標が設定されている。

　　　一般目標：情報機器を活用した効果的な授業や適切な教材の作成・活用
　　　　　　　　に関する基礎的な能力を身に付ける。
　　　到達目標：・子どもたちの興味・関心を高めたり課題を明確につかませ
　　　　　　　　たり学習内容を的確にまとめさせたりするために、情報機器
　　　　　　　　を活用して効果的に教材等を作成・提示することができる。
　　　　　　　　・子どもたちの情報活用能力（情報モラルを含む）を育成する
　　　　　　　　ための指導法を理解している。

　さらに今、「各教科の指導法」に関する科目にも ICT の活用が新しく入ろう
としている。たとえば、国語科教育の指導法においても求められるし、音楽
科教育の指導法でも学ぶ、ということになる。これらの科目では、到達目標
の一つに「当該教科の特性に応じた情報機器および教材の効果的な活用法を
理解し、授業設計に活用することができる」と記されている。一部の科目で
はなく、すべての教科教育の科目に取り入れられていくことにその特徴があ
るだろう。逆に、こうした学習内容が明記されないと取り挙げられないとい
うのは、まだ教育において ICT の活用が、教科書や黒板と比較して、当然
の前提となっていないといえる。

2)　採用以降の段階では
　教育委員会や学校法人等においては、採用や研修の段階において、上述し
た教員養成を担う全国の大学で教職課程コアカリキュラムが実施されること

を踏まえて、採用での選考やその後の研修が求められることになる。

　採用において、教育の情報化に対応できる教師を積極的に採用しようとする教育委員会は少ない。例外として、県を挙げて教育での ICT 利活用を進めてきた佐賀県においては、2014 年度の採用試験から模擬授業において電子黒板の活用を取り入れてきた（佐賀新聞 2013）。教員採用試験に模擬授業を入れる都道府県は数多いが、それに電子黒板の活用を組み合わせているところは他にはない。授業の場にこうした ICT 機器があることを前提として、授業を構成することを求められるようになると、教員養成段階においても取り組むことが当然求められてくる。

3）　校内研修では

　現職教員研修の段階に関しては、「ICT を利活用した授業力の育成や、児童生徒の ICT の実践的活用や情報活用能力の育成に資する指導のための研修を充実」「ICT の操作方法はもとより、ICT を用いた効果的な授業や適切なデジタル教材の開発・活用の基礎力の養成」ということがいわれている（文部科学省 2015）。

　研修としてまず思いつくのが学校内で行われる研修や研究である。普段職場をともにする同僚たちとともに ICT を活用した授業づくりについて考える場が学校において設けられている「授業研究」は日本文化の特徴の一つである。ICT 活用は授業研究の有力なテーマの一つとなる。ICT 活用指導力を高める授業研究・研修では以下の点に留意すべき必要がある（寺嶋 2016）。

　①　ICT の使い方のみを勉強するのではなく、授業づくりに関する研修を基本とすること

　②　ICT 活用は、シンプルかつ誰にでもできるものを取り上げること

　③　日常での授業等の取り組みにいかにつなげるか、を基本とすること

　校内研修の取り組みは、それぞれの学校の実態に応じた取り組みを行えるということでメリットがあるが、一方で各学校任せとなり、専門職としての教師を育成するという立場からすると、システムとして保証されているとはいえない。

⑶　教師の成長を地域で支えるシステム

　先述したように、研修は、学校や教師に格差を生まないように、教師の成長を支える研修機関（多くの地域には「教育センター」と呼ばれる、地域の教師を対象とした研修施設がある）で体系的に行われる。一例として富山県での取り組み（盛本 2016）を見てみると、さまざまな研修を組み合わせていることがわかる。

① 　初任者に対する ICT 活用研修では、子どもや教師の情報モラル、校務の情報化に必要な基本的能力、授業における ICT 活用の能力を育成する。特に授業での ICT 活用に関しては、模擬授業も取り入れているという。

② 　専門研修においては、ただ最近の状況に関する講演を聞くだけではなく、実際に授業で実践的に ICT 活用に取り組んでいる教師の事例提供、受講生同士で模擬授業を見せあい、議論をして振り返ることも取り入れる。

③ 　教育センター所属の担当者（指導に長けた教師）が、支援を要請している学校に赴き、授業における ICT 活用について指導をする。

　こうした教育センター等、外部機関での研修は学校を離れて少し客観的に勉強できるというメリットがあるものの、子どもや学校から離れる時間が増えると、学んだ内容を日々の実践に生かせないという問題点が生ずる。これに対応する方法として、e ラーニングによる研修事例が考えられる。たとえば、熊本県の事例（溝口ほか 2013）を見てみよう。この事例においては e ラーニングのみを活用するのではなく、まず対面の集合研修を実施して、それを補完する研修として e ラーニングシステムを活用している。集合研修においては、「ICT 機器の活用」「授業での具体的な ICT 活用」「ICT を活用した授業づくり」など、講師による解説と、演習やディスカッションを組み合わせている。そして 1 ヶ月後に、e ラーニングシステムの掲示板を活用し、授業で

の ICT 活用に関する情報や、その後授業で行った実践の情報を共有している。

　多くの研修では、明日からすぐに日々の実践で活かせるか、ということが大きなポイントとなる。よって、ICT で言えば、各学校の環境を考慮した研修内容となり、すぐに使える知識であればあるほど教師から歓迎されることになる。

　しかし、学んだ知識や技術はそれが実用的なものほどすぐに学び直しをすることが求められる。教師として学ぶ側はそのことを忘れずに、研修等で受動的に学ぶだけではなく、自ら学びの場を求めていかなければいけない。

⑷　学校ぐるみの情報化に向けたスペシャリストの育成

　先述したように、ICT 活用の立場から専門職としての力量をどのようにつけていくかについては、研修が進められてきている。その一方、ICT 活用に特化したスペシャリストの育成についても、今後学校現場で必要とされる。それは、教師にしか務まらないスペシャリストと教師以外でも担当可能なスペシャリストがある。

　教師にしか務まらないスペシャリストとしては、推進リーダーとなる教師が挙げられよう。教育の情報化についてより詳しい知識・スキルをもち、授業を行える。それだけではなく、学校の教師集団を引っ張り推進できる人材が必要となるだろう。

　たとえば、筆者らのグループでは、「ICT 研修ファシリテーター養成講座」という 6 日間にわたる集合研修を継続して行っている (脇本ら 2016)。研修では目指す目標として、「ICT 活用に関する知識」「教員研修を企画するスキル」「教員研修を運営するスキル」の三つから、50 項目をリストアップしている。「ICT 活用に関する知識」としてデジタルコンテンツの活用やアクティブラーニング、情報モラルやメディア・リテラシーについて学ぶ。加えて、実際にワークショップ型の教員研修を企画し、実施することで、研修の設計技法や研修運営など、ファシリテーションの能力を身につける。そして、最終的には参加者自身で「修了プレゼン」において模擬研修を実施する。

　この研修の場合、模擬研修の相手は、一緒に研修を受けている参加者のた

め、現実味が薄くなる。そこで、この研修とは別に参加者を募り、別の日に
実際の教員研修を実施してもらうことにした。

　しかし、実践的な活動を取り入れたにしても、こうした短期間のスペシャ
リスト育成には限界がある。たとえばこうした力を身につけたとしても、本
務校に戻り 1 人で学校改革を進めることはできない。同僚の仲間とともに、
授業やカリキュラムを地道に改善していく力も求められよう。

　一方、教育の情報化以外にも多くの知識や技術を求められる専門職として
の教師は多忙であり、タブレット PC のメンテナンスを行ったり、同僚教師
の技術的な支援をしたりすることは筋が違う（しかし、実際にはそのような事
例がよくあり、こうしたことが専門職となる道筋を妨げている）。このようなこと
から、学校において教師とは別に、ICT 活用を支援する「ICT 支援員」は必
須であるという声が聞かれ、各校において実際に活躍している事例をよく見
聞きするようになった。ICT 支援員に求められる能力について、「基礎的な
スキル・ICT への関心」をベースとして、「前向きな姿勢」「学校への貢献」「教
師とのコミュニケーション」が求められるという（「わかる・なれる ICT 支援員」
編集委員会 2016）。今、教師だけではなくさまざまなスペシャリストがとも
に学校を支える「チーム学校」という構想があるが、その一員として期待さ
れているといえよう。

5　この先、教師として学び続けられるだろうか？

　本章においては、専門職の育成という立場から、特に教師に求められる視
点について、教育の情報化を具体例に挙げながら、その現状を解説した。

　教師だけではなく、専門職の特徴として、多くの知識が求められることを
述べてきた。しかし、そこで得た知識もまた、「教育の情報化」については典
型的であるが、学んだことがどんどん古くなるため、自身で更新をしていか
ないといけない。読者の皆さんは、このような中で学び続けることはできる
だろうか？そもそも「学ぶ」とはどういうことだろうか？

　何かを学ぶために、みなさんはどのような方法を取るだろうか？思いつく

方法として、知らないことを Web で検索をしてみる、学びたいことについて説明している書籍を探してみる、あるいはセミナーがあれば参加をしてみるなどの選択肢があるだろう。確かに、前節までに取り挙げたように、専門職としての教育システムを考えるにあたっては、個人の学びを個人に任せるのではなく、採用後行政側が成長につなげる環境を用意し、学びを促している。たとえば、各地域における初任者研修を始め、各種の研修機会がそれに当たるし、所属する地域に教育センターがあれば、知識を学ぶために必要な教育書や実践事例集を入手することができる。

　一方、こうした学びは、個人の成長を促す経験としては、あまり主要な立場を占めていないという見方もある。学びの場の中心は、実は「現場」であるといわれることが多い。現場での毎日の取り組みで、教師は多くの成功や失敗を経験する。これらの経験から学ぶことを「経験学習」という（松尾 2011）。たとえば、同じような経験をしても、そこから前向きに学べる人と後悔するだけで終わってしまい、何も学べない人がいるのを見たことはないだろうか？できれば、ひとつの経験から多くのことを学び、学んだことを活かせるようになりたい。

6　経験したことを、学びに変えよう

　それでは、経験したことを学びに変えるにはどのようなことが必要だろうか？これまでいわれてきた経験学習の知見（松尾 2011 など）を参考にしてみると、次のような下地が必要だといえる。たとえば、大学のゼミやサークルの運営、アルバイト等でさまざまな経験から多くのことを学べているか、考えてみよう。

① 「こうしたい」「〜についての力を伸ばしたい」という「思い」はあるか？
② 独りよがりにならず、他者との「つながり」を大切にして行動しているか？
③ 新しいことに「挑戦」しようとしているか？
④ 自分が取った行動について、「振り返り」をし、整理できているか？

⑤ その行動自体を「楽しんで」やっているか？

こうしたことは、教師だけでなく、どの職業についたとしても考え続けることが必要である。ただ「専門職」のひとつの特徴として、通常の職業と比較すると他者との上下関係が少なく、自らを律しながら働くことが求められる。そのときに、自らに問いかける言葉として持っておきたい。

7　おわりに——教師を目指すものとして、「ICT教育」の事例から何を学ぶか？

本章を通して、専門職の教師として生きるということについて、考えることはできただろうか。特に、この情報化が進む時代にあって教師として、一社会人としてどのように自分を成長できる環境におけるかを考えてみよう。

本書はこの後「教育における ICT 活用」に関する事例が多く紹介されている。その中で、4つのことを考えていただきたい。

① 紹介される事例は、どの点で効果的か？

② 紹介される事例は、今後ずっと効果的であるといえるか？仮に、そうでなくなるときが来るとしたら、どんなときか？

③ 本書には掲載されていないが、今後必要とされる「ICT を活用した教育」はどんなものか？

④ どんなときになったら、「ICT を活用した教育」という言葉はなくなるだろうか？

ただ新しいことを知るために本書に触れるのではなく、皆さんから新しい教育の形を生み出すために本書を活用して欲しい。

参考文献

大西弘高 (2016)「医学教育と教育工学」中山実・鈴木克明編『職業人教育と教育工学』
　　ミネルヴァ書房

勝原裕美子 (2007)『看護師のキャリア論』ライフサポート社

金子大輔・荒川歩・菅原郁夫 (2009)「法実務技能教育におけるシミュレーションの映像に
　　付与されたコメントの分析」『日本教育工学会論文誌』33 (1)：83-92

厚生労働省「労働基準法第 14 条における「専門的知識等を有する労働者」」http://
　　www.mhlw.go.jp/file/05-Shingikai-12602000-Seisakutoukatsukan-Sanjikanshitsu_
　　Roudouseisakutantou/0000036407.pdf (参照日：2017 年 11 月 30 日)

佐賀新聞 (2013)「全国初、教員採用試験に電子黒板」http://www1.saga-s.co.jp/news/
　　saga.0.2449884.article.html

佐藤学 (2015)『専門家として教師を育てる―教師教育改革のグランドデザイン』岩波書店

寺嶋浩介 (2016)「ICT 活用指導力を高める研修のデザイン」『学習情報研究』2016 年 7 月号：
　　32-33

松尾睦 (2011)『職場に生きる人が育つ「経験学習」入門』ダイヤモンド社

溝口博史・山本朋弘・清水康敬 (2013)「ICT 活用の実践と指導力向上のための集合研修と
　　フォローアップ研修の評価」『日本教育工学会研究報告集』2013 (2)；9-14

盛本茂 (2016)「ICT 活用指導力を高めるための教育センターでの研修」『学習情報研究』
　　2016 年 7 月号 :38-39

文部科学省 (2007)「教員の ICT 活用指導力の基準 (チェックリスト)」http://www.mext.
　　go.jp/a_menu/shotou/zyouhou/1296901.htm (参照日：2017 年 11 月 30 日)

文部科学省 (2010)「教職大学院」http://www.mext.go.jp/a_menu/koutou/kyoushoku/
　　kyoushoku.htm (参照日：2017 年 11 月 30 日)

文部科学省 (2015)「これからの学校教育を担う教員の資質能力の向上について～学び合い、
　　高め合う教員育成コミュニティの構築に向けて～ (答申) (中教審第 184 号)」
　　http://www.mext.go.jp/b_menu/shingi/chukyo/chukyo0/toushin/1365665.htm
　　(参照日：2017 年 11 月 30 日)

横浜市教育委員会 (2017)「横浜型　育ち続ける学校 校内人材育成の鍵　ガイド編」
　　http://www.edu.city.yokohama.jp/tr/ky/k-center/ikuseiguidebook15.pdf
　　(参照日：2017 年 11 月 30 日)

わかる・なれる ICT 支援員編集委員会 (2016)『わかる・なれる ICT 支援員』日本標準

脇本健弘・稲垣忠・寺嶋浩介・中橋雄・島田希・堀田龍也・坂口真 (2016)「ICT 研修
　　ファシリテーター養成講座の開発と評価」『日本教育工学会論文誌』40 (Suppl)：145-
　　148.

Abercrombie, N., Hill, S., Turner, B., S.（2000）*The Penguin Dictionary of Sociology*, Penguin
　　Books. = 丸山哲央監訳・編集 (2005)『「新版」新しい世紀の社会学中辞典』
　　ミネルヴァ書房

さらに勉強したい人のための文献案内

(1)　勝原裕美子 (2007)『看護師のキャリア論』ライフサポート社
　　専門職としての看護師が、そのキャリアを考えるにあたり、どのような視点があるかを
　　事例を踏まえて提示してくれている。看護師以外の専門職にとっても参考になる。

(2)　木原俊行・寺嶋浩介・島田希編 (2016)『教育工学的アプローチによる教師教育　学び
　　　続ける教員を育てる・支える』ミネルヴァ書房
　　専門職としての教員の発達を支えるために、どのような教員養成・研修が試みられてい
　　るかについて記されている。理論と実践の側面から本章で取り上げた話題を含め、さま
　　ざまなテーマが取り上げられている。

第 6 章　教育評価と ICT

久保田 賢一

1　はじめに

　学校に電子黒板やタブレット PC などの ICT が導入され、日常的に ICT を活用する環境が整ってきた。それに伴い、ディスカッションやグループワーク、プレゼンなどのアクティブ・ラーニング (A.L.) を取り入れた実践が増えてきた。これらの新しい学習活動をどう評価したら良いのだろうか。伝統的には、学校での評価というと「ペーパーテスト」が思い浮かぶ。「評価」とは紙によるテストをして、その点数をもとに成績をつけることのように思われがちだが、「評価する」ということは「個々の学習者の成績をつける」ことだけに留まらず、教育活動の改善に向けた幅広い取り組みである。本章では、評価に関する基本的な考え方を提示し、ICT を活用した学習活動の評価方法や A.L. の学習成果としての評価の捉え方など、評価の全体像を概観し、ICT が評価とどのようなかかわりがあるかを説明する。

2　評価とは

(1)　評価の難しさ

　教育活動は意図的な活動であり、どのような能力を学習者が身につけるべきか目標が設定される。その教授・学習プロセスは、「目標 - 内容 - 方法 - 評価」という構成要素から成り立っており、要素間のつながりをしっかりとつけることが大切である (松下・石井 2016)。評価は一般に教授・学習プロセスの最後に位置づけられることが多いが、学校教育では評価を軸に教授・学習

活動が組まれる傾向にある。つまりテストで高い点数を取ることを目指して、教師はテストに出やすい内容を中心に教えたりする。直近のテストの点数を上げるために、課題を与え、ドリルを繰り返し、必要な部分だけを何度も教えるなどの授業を繰り返すことで、テストの点数を上げようとする。しかし問題は、テスト問題を解くことと目標とが本当に一致しているかという点である。選択式、穴埋め式のテストは、受験者数が多くとも採点がしやすいため出題されがちであるが、資質・能力を評価する方法として適切かということに疑問が残る。教育目標には、単に「覚えている」「理解している」というだけでなく、「応用する」「創造する」など、より高次の認知能力が含まれているはずである。加えて、目標には「協働する」「意欲的に取り組む」などの非認知的な部分も含まれる。それを選択問題や穴埋め問題で評価できるのだろうか。測定するのが難しい高度な認知能力や非認知的な部分は、置き去りになっているのが現状である。結局、学習者は「テストに出ることしか学ばない」ことになり、テストが終われば記憶した内容はすぐに忘れてしまうことになる。

　子どもの学力のレベルを知るために、全国学力テストなどの大規模な外部テストが導入される場合も、同様の問題を生む。学校は、アカウンタビリティ（説明責任）の観点から、子どもの成績を一定水準以上に上げなければならないという社会的な圧力を感じる。学校の評価を上げるために、成績が伸びそうな子どもを集めて集中指導したり、成績の上がらない子どもに対して欠席するように促したりする（中澤 2016）。時には、試験中に教師がそれとなく答えを教えたりする。このように、評価を試験（ペーパーテスト）で測定する場合、試験のテクニックを教えたり、テストに特化した知識だけを教えたりするようになる傾向が生まれやすい。それでは、教育活動が学習の目標に沿った教授ではなく、テストの問題に合わせた教授になってしまう。「目標―内容―方法―評価」のつながりは大切であるが、これらの構成要素につながりをつけて教育活動を行うことは簡単ではない。

⑵　誰が何をいつ、どのように評価するのか

　評価というと、通知表などに成績づけをすることのように思われがちであるが、それは評定と呼ばれる。評定は、学期末や年度末に学習成果として出される 5 段階（あるいは 10 段階など）で示すものであり、上級学校へ進学するための基準として用いられたりする（西岡ほか 2015）。評定は進学のための選抜機能をもっているために、学習者は評定に敏感になる。たとえば、高校での評定平均は大学進学のため学校推薦規準として使われたりする。大学では成績の平均点は、GPA（grade point average）とよばれ、奨学金受給者を選抜するために使われたりする。つまり、評定は学校における学習の結果として、さまざまな選別の基準となる。本章で扱う評価は、単に成績づけや選別のためというよりも、授業を改善するため、あるいは学習者の学習状況を把握し、学習成果を上げるための手段と捉える（**表 6-1** 参照）。

　評価においては、「誰が何をいつ、どのように評価するか」を明確にする必要がある（松下・石井 2016）。評価というものは教師がするものであると一般には考える。しかし、学習成果を高めていくためには、教師に加えさまざまな人が評価をすることが求められる。たとえば、授業研究などでは研究者と共同して授業を開発したりするため、研究者が評価主体になることもある。また学習者が自己を振り返る自己評価、学習者同士がおこなう相互評価もある。

　評価対象は、ICT を導入した授業や育成しようとする学習者の資質・能力である。カリキュラムを開発し ICT を活用した授業での学習活動を評価し、

表 6-1　評価の枠組み

評価主体	評価対象	評価時期	評価方法
教師 研究者 学習者 その他	教授・学習活動、授業 　（ICT の導入） 学習者の資質・能力 　・知識、理解 　・高次思考力（応用、分析、総合、 　　評価など） 　・メタ認知 　・社会情動スキル	形成的評価 総括的評価	ペーパーテスト コンピュータ利用テスト パフォーマンス評価 ポートフォリオ評価

（松下・石井 2016 を参考）

どこに問題があるのかを調べる。また、教育目標が達成できたかどうか、学習者の資質・能力を評価する。従来のペーパーテストは、主に知識・理解が達成できたかどうかを評価することに主眼が置かれていた。知識・理解に加え、応用、分析、創造などの高次思考力やメタ認知を始めリーダーシップやコミュニケーションなどの非認知的スキルも含めて評価をすることが求められるようになってきた。

　学習成果を高めるために、学習プロセスの途中で評価を行い、教授方略を変えたり、学習者に働きかけたりして、学習プロセスを改善するために評価する。教育目標をどの程度達成できたのか、学習プロセスの途中で行うものを形成的評価と呼ぶ。学習期間が終了し、目標が達成されたかどうかを評価するものを総括的評価と呼び、評定（成績表）につなげる。

　従来の評価方法は、テストが中心であった。しかし、資質・能力の評価は、テストだけでは難しいことは前述した通りである。A.L. が導入されるようになり、幅広い構成要素を含む資質・能力を評価するために、パフォーマンス評価やポートフォリオ評価が注目されるようになってきた。パフォーマンス評価とは、意味のある文脈の中で課題に取り組んだり、実際に演じたりするパフォーマンスを総合的に評価する方法である。たとえば、学習者が時間をかけて調査をしたレポートや論文、絵や彫刻などの作品、スピーチやプレゼン、演奏・演技などの実演は、パフォーマンス課題と呼ばれ評価対象となる。ポートフォリオ評価では、学習者が学習のプロセスで学習成果として示せるものを資料として集めたものを評価する。これらの資料を時系列に見ていくと、学習者の成長の様子を知ることができる。このような評価でよく用いられるのがルーブリックと呼ばれる評価規準である。

　ICT を活用した評価として、コンピュータ利用テスト（computer based testing:CBT）が挙げられる。コンピュータを利用することで、紙を配布する必要がなくなり、採点の煩雑さを減らすことができたりする。また、ペーパーテストでは評価できない、回答までのプロセスを記録したり、協調性や創造性などを評価したりすることも検討されている。ICT はテストをするためのツールとしてだけでなく、日常の学習活動を記録するツールとしても使われ

る。日々の学習活動が記録され、デジタルポートフォリオとして蓄積されれ
ば、そのデータを処理し評価することができる。あえてテストを実施しなく
とも、日常の学習プロセスや成果を評価していけば良い。

⑶　教育メディアの評価研究

　評価は、学習者に対してだけでなく、授業に対しても行われる。新しいメ
ディアが出現すると、そのメディアが及ぼす学習効果を評価しようとする研
究は多く行われてきた。ICT などのメディアを教育に導入するには大きな
費用がかかるため、地域全体の学校に ICT を導入するには政治的な判断が
求められる。費用対効果がどの程度あるか、政策決定者が知りたいことであ
る。たとえ、大きな費用がかかっても、従来の授業よりも学習効果が高まれ
ば、導入の意義がある。あるいは、これまで学べなかった内容を学ぶことが
できれば、導入の根拠となる。歴史を振り返ると、これまでもラジオ、テレビ、
コンピュータなど新しいメディアが出現するたびに、教育に導入されその効
果研究が行われてきた（キューバン 2004）。学校教育において ICT が本格的に
導入されるようになってきたのは 1980 年代からである（山内 2017）。学習の
個別化を目指したコンピュータ支援による教授（computer assisted instruction:
CAI）として使われたり、LOGO などのプログラミング言語を教えたりする
ことが行われてきた。

　メディアを教育に導入すれば学習成果は高まるという考え方は古くからあ
る。たとえば、20 世紀初めからソーンダイクは絵や図を使うことで学習効
果は高まるということを主張した。適切にメディアを選択することで、学習
の効果・効率が高まるという考え方である。しかし、クラーク（Clark 1983）
は、このような考え方に対して異議を唱えた。教育活動にはコントロールで
きないさまざまな要素が複雑に絡み合っている。単にメディアを導入したこ
とが直接学習効果につながるわけではない。新しいメディアを導入すると
きは、学習者がメディアの新しさに興味を持つ新規性効果（novelty effect）が
生まれやすい。しかし、導入後時間がたつに従い、その効果も次第に薄れて
いく。メディアを導入したからというよりも、カリキュラムが改善されたり、

教授法が変わったりしたために、学習成果があがったと見るほうが妥当である。彼は、これまでのメディア効果研究を調べて、メディアの導入による効果に有意な差は見られないと結論づけている。

　しかし、メディア効果研究は現在でも行われ、教育メディアを導入することで学習効果が高まることをエビデンスとして示すことが目指されている。文部科学省が 2016 年に公表した「2020 年代に向けた教育の情報化に関する懇談会」の報告では、ICT の活用により教師の指導力が向上し、子どものより深い学びにつなげることができるという視点が重要であると述べている。とくに、1 人 1 台のタブレット PC を導入し、その効果について実証研究が行われてきた。

　ICT を導入したといっても、デジタル教科書やノートなど何でもデジタル化した方が良いわけではない。ノートや本などのアナログとタブレット PC などのデジタルという異なるメディアを用いるときに、思考プロセスや情意面においてどのような違いがあるかということに敏感になる必要がある。ICT を導入することでこれまでにできなかった学び方ができるという期待と同時に、どのような学びが失われていくのかという懸念も共有していくことが求められる (新井 2012)。教育は多様な要因が相互に関連し合っている複雑な活動である。メディアの導入という政治的な面に関心が向かいがちであるが、学習内容、学習方略、教室環境、学習者の特性、学校文化など多様な要因を考慮し、ミクロ、マクロの観点から学習プロセスを詳細に観察していくことが大切である (久保田 2012)。

⑷　情報活用能力の操作的定義

　ICT を授業に取り入れ学習者が日常的に使うようになると、教育効果を高めるために学習者の情報活用能力を評価することが求められる。情報活用能力の評価はどのように行ったら良いのだろうか。評価は目標との整合性をつけて行うが、目標は抽象的に表現されているためにそのままでは評価項目として落とし込みにくい。学習者のパフォーマンスレベルを具体的に記述することで、それぞれの項目を達成できたかどうか評価することができる。この

ような項目を「操作的定義」と呼ぶ。

表 6-2 に示されている 21 世紀型スキルを事例に説明をする。情報活用能力は、21 世紀型スキルでは「働くためのツール」に相当する。「働くためのツール」は、「情報リテラシー」と「ICT リテラシー」の 2 つの下位項目に分かれている。各国の状況によって情報や ICT に関する資質・能力の定義の仕方はいくらか異なるが、大枠においてはそれほど違いがない。**表 6-3**、**表 6-4** に示すように、学習者のスキルが身についたかどうか、各項目について評価できるレベルまで落とし込むことで、評価項目が具体的になる。

従来のペーパーテストによる評価は、学習内容に関する知識量を問うていた。表 6-3、6-4 に示される情報リテラシーや ICT リテラシーは、ペーパーテストでは評価しにくいのは明らかである。一方、表に挙げられている項目をすべて評価することは時間・労力がかかる。教育目標に照らし合わせ、どの項目について実際に評価をするのか決め、学習者のパフォーマンスを評価する方法が適切であろう。

表 6-2　21 世紀型スキル

思考の方法
1. 創造性とイノベーション
2. 批判的思考、問題解決、意思決定
3. 学び方の学習、メタ認知
働く方法
4. コミュニケーション
5. コラボレーション（チームワーク）
働くためのツール
6. 情報リテラシー
7. ICT リテラシー
世界の中で生きる
8. 地域とグローバルの良い市民であること（シチズンシップ）
9. 人生とキャリア発達
10. 個人の責任と社会的責任（異文化理解と異文化適応能力を含む）

（Griffin *et al.* 2012）

表 6-3　働くためのツール：情報リテラシー

知識	技能	態度／価値／倫理
情報を利用し評価する ・効率的(時間の側面)かつ効果的(情報源の側面)に情報を利用する ・批判的かつ入念に情報を評価する **情報を活用し管理する** ・身近な問題に対して正確かつ創造的に情報を利用する ・様々な情報源からの情報の流れを管理する ・情報へのアクセスや利用に関する倫理・法的問題に対して基礎知識を適用する ・入手できる情報の信頼性と妥当性(アクセスのしやすさ、受け入れやすさ)について理解する。ICT を双方向的に利用するうえで尊重すべき倫理的な原則が必要であることに気づく **効率的にテクノロジーを応用する** ・情報を調べる・整理する・評価する・伝達する道具として ICT を利用する ・知識経済において活躍するために、情報を利用・管理・統合・評価・創造するうえでデジタル技術(コンピュータ、PDF、メディアプレーヤ、GPS など)、コミュニケーションやネットワーキングのツールを適切に利用する	**情報を利用し評価する** ・電子的な情報、データ、コンセプトを探して集めて処理する(関連のあるものと関連のないもの、主観的なものと客観的なもの、現実的なものの仮想的なものを区別し、整理して、新しいものをつくり出す)能力。また、それらを体系的な方法で利用する能力 **情報を活用し管理する** ・複雑な情報をつくり出し、提示し、理解するために、プレゼンテーション、グラフ、図表、地図を利用する能力。 ・印刷物、動画、Web サイトなど様々な情報媒体にアクセスして検索する能力。電子掲示板や電子メールといったインターネット上のサービスを利用する能力 ・家庭、余暇、仕事など様々な文脈において、批判的思考や創造性、革新性を支援するために情報を利用する能力 ・学習で利用するために、書かれた情報・データ・コンセプトを調べて集めて処理する能力。知識を体系的に整理する能力。聞く、話す、読む、書くときに、関係のある情報と不要な情報を見分ける能力	**情報を利用し評価する** ・1 人で自律的に、あるいはチームで協同して仕事をするために、情報を利用しようとする性向。入手した情報を批判的、反省的に評価しようとする態度 **情報を活用し管理する** ・プライバシーや文化の違いに配慮して、責任を持って安全にインターネットを利用しようという、注意深く前向きな態度 ・文化や社会、仕事に関するコミュニティやネットワークに参加して、自らの視野を広げるために情報を利用することへの関心

(Griffin *et al.* 2012; 50)

表 6-4　働くためのツール：ICT リテラシー

知識	技能	態度／価値／倫理
ICT を利用し評価する ・文書作成、表計算、データベース、情報の保存と管理など主なソフトウェアについて理解する ・インターネットや電子メディア（電子メール、ビデオ会議、他のネットワークツール）を利用したコミュニケーションでもたらされる利点や現実世界と仮想世界の差異に気づく。 **メディアを分析する** ・メディアのメッセージがなぜ、どのようにそして何の目的でつくられているかを知る ・個人によってメッセージの解釈がいかに異なるか、価値や意見がどのように受け入れられたり、排除されたりするか、メディアがいかに信念や行動に影響を与えるか、ということについて検討する ・メディアへのアクセスや利用に関する倫理的・法的な問題について理解する。 **メディアを制作する** ・適切なメディア制作ツール、メディア特性、メディアの決まり事について理解する ・多文化的な環境におけるメディア表現や解釈について理解し、適切な利用方法を知る	**ICT を利用し評価する** ・効果的・効率的に ICT を利用する ・情報や ICT ツールを批判的、入念に評価する **情報を活用し管理する** ・身近な問題を解決するために緻密かつ創造的に ICT を利用する ・様々な情報源からの情報の流れを管理する ・ICT の利用をめぐる倫理的・法的問題に関する知識を活用する ・コミュニケーション、検索、プレゼンテーション、モデル化するための知識や技能を活用する **メディアを制作する** ・多様な多文化環境において、適切なメディア制作ツール、メディア特性、メディアの慣習、表現方法、解釈を活用する **効果的に ICT を適用する** ・調査、整理、統合、評価、創造する手段として ICT を活用する ・情報を利用・管理。統合・評価・創造するために、ICT（コンピュータ、PDF、メディアプレーヤ、GPS など）の様々なツールを適切に利用する。 ・ICT の利用をめぐる倫理的・法的問題に対して知識を適用する	**ICT を利用し評価する** ・情報を批判的入念に評価しつつ、新しいアイデア、情報、道具、仕事の仕方に対して開かれた態度でいる **情報を活用し管理する** ・守秘義務、プライバシー、知的所有権に配慮しながら、身近な問題を解決するために、正確かつ創造的に ICT を利用する ・社会文化的な違いに配慮し、偏見なく、様々な情報源からの情報の流れを管理する ・個人によりいかにメッセージの解釈が異なるか、価値や意見がどのように取り入れられたり、排除されたりするのか、メディアがいかに信念や行動に影響を与えるのか、ということについて詳しく検討する **誠実に ICT を活用する** ・情報源や情報の受け手に対して正確かつ誠実な仕方で、方法を調査・整理・評価・伝達する手段として ICT を活用する ・ICT へのアクセスや利用をめぐる倫理的・法的問題に対して知識を適用する

（Griffin et al. 2012; 52）

3　ICT を活用した評価

⑴　移転方略と変容的方略

　21 世紀型スキルなどの資質・能力を効果・効率的に評価するために、多くの国では ICT を使った評価方法の開発が行われている。欧米ではコンピュータを利用したテストが普及しているが、日本ではインフラとしての

ICT 環境が十分に整っていないためその普及は十分ではない（永岡ほか 2012）。しかし、今後 1 人 1 台のタブレットが広がる中、ビックデータが蓄積され、それをどのように評価していくかという点でも、ICT による評価に関心が高まっている。

　コンピュータなどの ICT を使った評価は、e アセスメント（e-assessment）と呼ばれ、紙ベースの評価に比べ、効率が良いといわれている。多人数がテストを受けても採点を効率的に行え、テスト作成のコストも削減できる。また多地点でのテストがやりやすく、場所と時間を特定しないでもできるという利点がある。さらに、これまで評価することが難しかった領域についても、十分なエビデンスを示すことができるといわれている。

　図 6-1 は、従来の紙ベースの評価から ICT ベースの評価に移行する際に、二つの方向性があることを示している。「移転方略」は、紙から ICT に変わるが、評価方法は基本的に変わらない。「変容的方略」は、評価方法そのものが変わり、その結果カリキュラム、学習方略、学習環境にまで影響を与える、革新的な評価である（Griffin *et al.* 2012）。

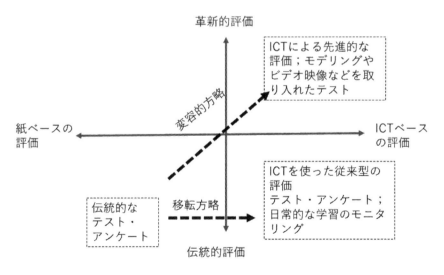

図 6-1　評価の次元

（Griffin *et al.* 2012: 27）

1)　移転方略

　移転方略とは、従来の紙と鉛筆を使ったテストを、ICT を使ったオンラインテスト（コンピュータを使ったテスト）に移行したものである。ICT に置き換えたことで、大規模なテストにおいての配布が容易になったり、採点処理が自動化されたり、学習者へのフィードバックを早めたりすることができる。オンラインテストは従来の紙によるテストと基本的には変わらないが、費用対効果の点で改善が期待される。

　一方、問題点もある。多人数向けのテストを行う場合、ICT 環境が整備されていることが求められるが、現状では難しい。なりすましやカンニングへの対処を検討する必要もある。きちんとテストを受けたかどうかを確認することができないと信頼性が失われる。また普段から ICT を使っている学習者とそうでない学習者の間に ICT 操作に差が生まれるために、内容を理解しても上手く回答できないこともおきる (Johnson & Green 2004; Russell *et al.* 2003)。

　現状では、紙と ICT の両方を組み合わせたテストを行うことが多い。ICT の利用がまだ十分に信頼できるレベルに達していない場合、トラブルに対処するために紙のテストも同時に用意したりする。

　オンラインテストのほかに移行方略では、学習成果をデジタル化してサーバーに保存し、e ポートフォリオとして利用する。絵や文章を保存するだけでなく、アニメーション、シミュレーション、動画などを組み合わせた多様な表現をファイルとして管理することができる。プロジェクト学習において、教師は学習者の活動プロセスをモニタリングしたり、コメントを書き込んだりする。

　移転方略は、従来の評価方法をより効果的にするとともに、評価をより効率的に行うためのツールと見なされている。

2)　変容的方略

　変容的方略は、ICT を利用することで効率化するだけでなく、評価方法そのものを変容させ、従来評価が難しかった領域について積極的に評価をして

いくことを目指している。この方略はまだ研究途上であるが、評価方法のみでなく学習活動にも大きな変革をもたらすことが期待されている。メタ認知、創造性、コミュニケーション、学び方の学習、学び続ける力など、従来の紙ベースのテストでは評価が難しい内容を評価しようと、さまざまな試みがなされている。

　これまで評価が難しいとされた(1)創造性、問題解決、(2)協働性、(3)高次思考力、(4)知識創造について、変容的評価の可能性について現在行われている研究の動向について説明する (Griffin et al. 2012)。

① 創造性

　マルチモダリティ (文字、画像、音、動画など) は紙で表現するのは難しい。ICT を利用することで、マルチモーダルなデータは加工・編集でき、多様な表現が生まれる。また、データをわかりやすく可視化したり、シミュレーションを利用したりして、分析的に考えたり創造的に思考する幅が広がる。たとえば、デジタルカメラやアプリケーションを利用することで、学習者は創造力を膨らませ、魅力的な作品をつくることができる。ICT は、情報を共有したり、作り出したり、組み合わせたり、総合したりすることが容易にできるので、創造性を発揮するツールとして優れている。

② 協働性

　協働して問題解決に取り組むスキルは、現代社会において重要な資質・能力であり、ICT は協働性を支援するための学習環境を提供することができる。ウェブ 2.0 のテクノロジーは、オンライン上での文書を共同編集したり、ファイルなどの情報をやりとりしたりすることができ、そのプロセスはログとして保存できる。学習者がどのような過程で問題解決に至ったのか、そのプロセスを辿ることができ、どのような協働が行われたか評価できる。

③ 高次思考力

　ICT を活用することでバーチャルな実験室 (virtual laboratory) を設置したり、コンピュータシミュレーションなどのマイクロワールドを提供したりすることができる。このような学習環境では、学習者は紙ベースでは処理しにくい複雑なデータセットを使いながら、問題解決に向けた作業をすることができ

る。バーチャル実験室やマイクロワールドは、高次思考力を育成するとともに、学習プロセスを辿ることができるので、学習者が何を理解して、何ができるようになったのか、詳しく評価できるようになる。しかし、学習者がICT の操作に習熟していないと、習熟度の違いにより評価が低くなったりすることがあるので、注意が必要である。

④　知識構築

　協調的な学習環境において、学習者同士は協力し合いながら知識を構築していく。それは 1 人の学習成果というよりも、学習コミュニティに参加する学習者のダイナミックな相互作用の中で生まれてくる（Scardamalia & Bereiter 2006）。この協調学習は、対面で協働し合う関係だけでなく、学校間、あるいは国を超えたやりとりの中で知識構築がなされる。たとえば、ナレッジフォーラム（Knowledge Forum）という協調学習を支援するプラットフォームは、学習者がお互いのノートに意見を書き込んだりして、問題解決を目指す。この学習プロセスはすべて記録され、そのプロセスの評価は、1 人の学習者がどのような知識を身につけたかどうかではなく、離れたところにいる学習者同士が学習コミュニティをつくり、全体としてどのような知識が構築されたのかを評価することになる。この学習環境では、評価を行うために改めて時間を限定してテストをするよりも、日々の学習活動そのものが逐次データとして保存されるので、その学習プロセスを継続的に評価し、学習の改善に繋げていくことができる。

　知識構築の観点は、学習者個人の能力がどのくらい獲得できたのかという評価の捉え方ではなく、協調的な学習環境の中でコミュニティとしてどのように知識が構築されるのか、そしてそれを支える学習環境とはどのようなものか、という観点からの評価が求められる。学習者の資質・能力は静的なものではなく、環境との相互作用の中でダイナミックに立ち現れてくるという考え方はこれからの評価の在り方に新しい方向性を与えてくれる。

　評価の変容的方略については、まだ研究途上であり、教授・学習と評価が一体となった学習環境の構築が求められる。それは評価のかたちだけでなく、学習の在り方の変容を迫るものでもある。今後、さらに研究を進めていかな

くてはいけない分野である。

⑵　ラーニングアナリティクス

　学習者がコンピュータやタブレット PC などの ICT 機器を日常的に利用するようになると、学習プロセスで生成される学習履歴が蓄積されるようになる。現状では、学校において 1 人 1 台のタブレット PC 環境はまだ十分に整っているとはいえないが、将来的に環境が整っていくことは予想される。このような学習環境が整うことで、学習成果をデジタル化して e ポートフォリオとして管理し、評価や指導に活用していこうとする取り組みが始まってきた。しかし、現状では分析するに足る十分なデータが蓄積されていないために、学習活動の改善に反映するにはまだ時間がかかる。

　サーバーに蓄積された学習履歴や学習記録を、収集・分析し学習活動に役立てようとするラーニングアナリティクス (Learning Analytics: LA) が注目を集めるようになった (武田 2015)。LA とは、一人ひとりの学習状況を把握し最適化するために、学習者の学習履歴と関係するデータを測定、収集、分析、報告する方法のことである。学習履歴には、コンピュータシステムが自動的に取得できる学習行動や機器操作の履歴、コンピュータ上の教材の利用履歴やテストの点数、練習問題の進捗状況などが含まれる。学習記録とは、学習成果としての写真、図、テキストなどを意図的に保存したもので、e ポートフォリオと呼ばれる (森本 2015)。

　e ポートフォリオは、学習を促進するためのツールとして、学習成果を提示するためのエビデンスとしての役割をもつ。正規の科目だけでなく、ボランティア活動やインターンシップなどの記録も保存する。学習の深まりや自己成長、専門性の育成のための評価をすることもできる。

　学習者のネットでの学習行動に関するログが蓄積されると、コンピュータが自動的に学習履歴データを分析して、教師や学習者にわかりやすく提示できるようになる。学習者は分析結果を見て、自身の学習到達度を知ることができ、これからの学習に関する予測をしたり、自身の弱点を改善したりできる。教師はコンピュータの分析結果を見て、問題を抱えている学習者を把握

したり、クラス全体の学習状況を確認したりできるようになる。

　しかし現状では、学習者がタブレットなどの端末を十分に使い込んでいるわけではないので、どのようなデータをどのような観点で分析すれば、有益なフィードバックになるかさらなる研究が求められる（森本 2015）。LA は、まだ初期の段階である。LA が実際に機能するためには、学習記録が教育ビッグデータとして十分な大きさになっていなければならないが、現状ではまだ教育現場には存在していないと言えるだろう。

4　まとめと展望

　評価は、難しいだけでなく、労力、コスト、時間がかかる。加えて、意欲や態度、協働する力などは数値化しにくいだけでなく、多角的に評価することが求められる。評価は重要ではあるが、評価について気にしすぎると評価疲れに陥ることもある。必要以上に労力をかけずに、何のために評価をするのか明確な方向性をもって行うことが大切である。

　1 人 1 台のタブレット PC を日常的に利用するようになると、学習記録が自動的にサーバーに蓄積されるようになる。それをビックデータとして人工知能（AI）で分析することができるようになれば、評価の一助になるだろう。テストをすることが評価であると捉えがちであるが、テストはあくまでも評価のひとつの方法であり、日々の学習プロセスを辿り、そのデータを収集・分析できるならば、あえてテストのために特別な時間と場所を設定しなくともよい。しかし、いくらこのような環境が整ったといっても、最終的に分析結果の判断を下すのは人である。ICT の活用は求められるが、この点を忘れてはならない。

参考文献
新井紀子（2012）『本当にいいの？デジタル教科書』岩波書店
稲垣忠・中橋雄（2017）『情報教育・情報モラル教育』ミネルヴァ書房

久保田賢一 (2012)「メディア概念の拡張とこれからの「教育メディア研究」: 社会文化的ア プローチによる研究方法論再考」『教育メディア研究』Vol.18 (1&2): 49-56.

武田俊之 (2015)「ラーニング・アナリティクスとは何か」『コンピュータ＆エデュケーショ ン』VOL.38: 12-17

永岡慶三・植野真臣・山内祐平編 (2012)『教育工学選書 8：教育工学における学習評価』ミ ネルヴァ書房

中澤渉 (2016)「教育政策とエビデンス：教育を対象とした社会科学的研究の動向と役割」 佐藤学・秋田喜代美・志水宏吉・小玉重夫・北村友人編『社会のなかの教育 (岩波講座 教育 変革への展望 第 2 巻)』岩波書店

西岡加名恵・石井英真・田中耕治 (2015)『新しい教育評価入門』有斐閣

松下佳代・石井英真 (2016)『アクティブラーニング・シリーズ 3　アクティブラーニング の評価』東信堂

森本康彦 (2015)「e ポートフォリオとしての教育ビックデータとラーニングアナリティク ス」『コンピュータ＆エデュケーション』VOL.38: 18-27

文部科学省 (2017)「2020 年代に向けた教育の情報化に関する懇談会　最終ま と め」http://www.mext.go.jp/b_menu/houdou/28/07/__icsFiles/afieldfi le/2016/07/29/1375100_01_1_1.pdf(参照日：2017 年 11 月 30 日)

山内祐平 (2017)「ICT メディアと授業・学習環境」佐藤学・秋田喜代美・志水宏吉・小玉重夫・ 北村友人『教育変革への展望 5：学びとカリキュラム』岩波書店

Clark, R., E. (1983) "Reconsidering Research on Learning from Media" *Review of Educational Research. 53* (4): 445-459.

Cuban, L. (2001) *Oversold and Underused.* Harvard University Press. ＝ 小田勝己・小田玲子・ 白鳥信義訳 (2004)『学校にコンピュータは必要か―教室の IT 投資への疑問』ミネル ヴァ書房

Fedel, Charles., Tilling, Bernie., Bialik, Maya. *Four-Dimensional Education: The Competencies Learners Need to Succeed,* Center for Curriculum Redesign. ＝ 岸学監訳 (2016)『21 世紀の学習者と 教育の 4 つの次元：知識、スキル、人間性、そしてメタ学習』北大路書房

Griffin, P., McGaw, B., & Care, E. (ed.) (2012). *Assessment and Teaching of 21st Century Skills.* Springer. 三宅なほみ監訳 (2014)『21 世紀型スキル：学びと評価の新たなかたち』北大 路書房

Johnson, M. & Green, S. (2004) *Online assessment: the impact of mode on student performance.* Paper presented at the British Education Research Association Annual Conference, Manchester, UK.

Russell, M., Goldberg, A., & O'Connor, K. (2003) "Computer-based testing and validity: A look into the future" *Assessment in Education: Principles, Policy & Practice,* 10: 279-294

Scardamalia, M. & Bereiter, C. (2006) "Knowledge building: Theory, pedagogy, and technology" In Sawyer, R.K. (ed.), *The Cambridge handbook of the learning science.* New York. Cambridge University. 大島律子訳「知識構築と知識創造：理論，教授法，そしてテクノ ロジ」大島純・森敏昭・秋田喜代美・白水始監訳 (2009)『学習科学ハンドブック　第 2 巻』培風館

さらに勉強したい人のための文献案内

(1) グリフィン・マクゴー・ケア (編著) 三宅なほみ (監訳) 益川弘如・望月俊男 (編訳) (2014)
『21 世紀型スキル：学びと評価の新たなかたち』北大路書房
21 世紀型スキルを育成するための評価について書かれている。高次なスキル、態度、自律的・協調的に学習する特性など、伝統的な評価方法では評価が難しいコンピテンシーの評価について解説している。

(2) 溝上慎一 (監修)・松下佳代・石井英真 (編著) (2016)『アクティブラーニングの評価 (アクティブラーニング・シリーズ) 』東信堂
評価というと、定期テストの点数や主体性の点数化などをイメージする人がいるかもしれないが、学習成果を点数化するという狭い見方ではなく、学習活動を豊かにするための取り組みの一つと捉える。とくにアクティブラーニングの評価は、学習活動の中に組み込まれ、質的に行われる。

第二部

資質・能力を育成する教育方法

第 7 章　ICT で越境する学び

岸 磨貴子

1　はじめに

ICT を活用することで、教室という物理的な場を越えた教育実践、いわゆる、学校間交流学習（稲垣ほか 2004）が日本で広がりを見せたころ、私はシリアのパレスチナ難民キャンプで難民のための教育開発にかかわっていた（2002 年～ 2011 年）。難民キャンプという地理的に限られた範囲の中で人生の多くを過ごす難民の子どもにとって、国内外の人とインターネットを通してつながることは大きな喜びと驚きとなるだろうと考え、当時、岡山の小学校で総合的な学習の時間に国際理解教育を先進的に実践していた三宅貴久子教諭に相談し、日本とシリア（パレスチナ難民）の子どもたちの異文化交流を行うことになった（岸 2016）。インターネットを通して日本人とパレスチナ人の子どもは新しい世界とつながり、継続的なコミュニケーションを通してものの見方や考え方、価値観を広げ、自文化および異文化について理解を深めていった。また、情報発信者として、異文化の他者に情報を伝えることの難しさを実感し、情報の伝え方（表現力）も学んだ（詳細は、岸ほか 2011）。

ICT を活用することで教室という物理的な場を越えた教育実践（以下、ICT を活用した越境する教育実践）が可能となり、それは魅力的に見えるが、一方で、教師の立場からすれば苦労も多い。教室内での活動であれば、教師はある程度見通しを立てて授業を展開することができるが、教室の外とつながることで予測不可能なことが起こりうるため、その都度、即興的に対処していかなければならない。また、授業内容およびその方法を教師 1 人だけで決定できず、常に交流相手とすり合わせをし、合意を取りながら進めていかなけ

ればならない。合意が取れても、状況に応じて途中で変更になることもしばしばある。たとえば、エジプトと交流学習をしていたある小学校の教師は子ども同士が教え学び合う活動を相手に提案したが、相手教師から「インターネットで調べればわかることだから、わざわざ子ども同士で教えあう必要がない」と断られたというケースもあった (岸 2016)。このように、日本の学校ではアタリマエのように実践している方法も、海外の学校では通用しないことがあるため、教師は相手の考え方およびやり方を尊重しつつも、自分の主張を粘り強く相手に伝え、合意形成をしていかなければならない。

　しかし見方を変えてみたらどうだろうか。このように「うまくいかない」という葛藤 (conflict) は、教師にとっても子どもにとっても、自分たちのアタリマエを見直すきっかけとなる。そこから「何故」という問いが生まれる。つまり、文化間で経験する「うまくいかない」という葛藤を探求学習のきっかけとし、教師と子どもは今までに経験をしたことも、考えたこともないことすなわち、「まだここにない学び」(learning what is not yet there, Engeström, 2016) を始めることができる。さらに、それは自分自身のあり方をも変容させていくことにつながる。

　本章では、このような新しい学習について事例を示しながら理論的に説明する (第 2 節)。さらに、ICT を活用した越境する教育実践の実態について理解を深めるため、そのはじまりと形態を整理する (第 3 節)。最後に、ICT を活用した越境する教育実践を授業で行う上で参考になるデザインのポイントを提示する (第 4 節)。

2　越境による拡張的な学習

　ICT を活用した越境する教育実践において、子どもは教室という文脈 (コンテキスト) から新しい文脈へと横断的にわたり歩き、「まだここにない学び」を始める。子どもはやり方のわからないこと、経験したことがないことに挑戦するため、誰かの助けを得ながら協働的に問題解決に取り組むことになる。そして、教師からの支援、保護者や地域の人たちからの協力、専門家からの

情報を得て、問題解決のための環境を自分たち自身でつくり出し、主体的・協働的に学んでいくのである。このような実践では、子どもは主体的に活動を生み出す「アクティブな学習者」として振る舞うようになる。具体事例を見てみよう。

事例1　ICTでアジアの最西端(パレスチナ)から最東端(日本)を旅する子どもたち

　最初に紹介するのは、日本人児童とパレスチナ難民生徒のICTを活用した絵本制作の実践である。岡山市立津島小学校とシリア・アラブ共和国のカルメル中学校間で、2007年12月から2008年3月末の4ヶ月間にわたって実施された。津島小学校は、総合的な学習の時間で地球規模の課題に取り組むプロジェクト活動を進めており、開発途上国との交流に意欲を示していた。一方、カルメル中学校は教育におけるICT活用と学習者中心型教育に高い関心をもっていた。

　最初の2ヶ月間、子どもは自己紹介、絵本に登場するキャラクターづくり、絵本の素材集めを行った。絵本制作では、それぞれが作った3人のキャラクターが、シリア、パレスチナ、イラク、イラン、パキスタン、インド、ミャンマー、カンボジア、中国、日本と大陸を一緒に旅するという設定にした。子どもたちはそのキャラクターになりきって、写真を舞台として会話を始め(**図7-1**)、1ヶ月間、集中的に交流を行い97ページにわたる絵本を完成させた。

　絵本の制作プロセスにおいて、子どもはさまざまな問いをもちそれらを追求するために教室外の人たちとつながりを作り出した。たとえば、パレスチナ人生徒が日本の運動会の写真について「何故学校の帽子は白と赤で裏表分かれているの」と質問すると、日本人児童は紅白帽の歴史や意味について教師や保護者に聞いたり、インターネットで調べたりした。また、将来の夢を語り合う場面で、パレスチナ人生徒が「僕の将来の夢は兵士になることです」と答えると日本人児童は驚き、その言葉をきっかけとしてパレスチナとイスラエルの現状及び歴史的背景を理解するために専門家に情報提供を依頼した。

　また、子どもは文化によって感じ方も違うことに驚きを見せた。たとえば、掲示物も何もないパレスチナ人生徒の学校の教室を見た日本人の児童は「何

もなくて寂しい」と感じたが、パレスチナ人生徒は「余計な情報がなく勉強に集中しやすい」と述べ、感じ方に文化的な違いがあることを知った。このように子どもはインターネットを通して、異文化の他者と出会いかかわる中で、自分にとってのアタリマエを見直し、自ら知りたいことを広げ深めながら、ものの見方や考え方、感じ方を広げていった（詳細は、岸ほか 2011 を参照）。

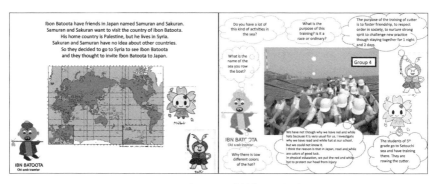

図 7-1　子どもたちが制作した絵本

（児童が制作した絵本の一部）

(1)　水平的学習として捉える ICT を活用した越境する学び

　ある文脈から異なる文脈へと横断的（水平的）にわたり歩くような学びを「水平的学習」（Engeström *et al.* 1995）という。他方で学校の教室のように、知らないことを教師に教えてもらいながら基礎を学び、下から上へと階段を上げるように次第に高度で複雑な問題を解けるようになっていく学びを「垂直的学習」という。ICT を活用した越境する教育実践は水平的学習である。教師と子どもは異文化の他者と出会いかかわる中で、自分たちの見方や考え方、やり方を調整（変革）していく。インターネットを通した越境に限らず、私たちは慣れ親しんだ場所から新しい場所に移動する時、それまでの見方、考え方、やり方が通じず苦労することがある。それぞれの文脈には望ましい振る舞いや基準、価値観、求められる知識やスキルがあり、また、その文脈特有のルールや習慣、システム、人間関係がある。そのため慣れ親しんだ場所では有能に振る舞うことができても、文脈が違えば高いパフォーマンスを発

揮できないことがしばしば起こる。上手くいかないことや葛藤を避けることもできるが、そうではなく、あえて向き合うことで「今の自分を越え（go beyond who I am）」、自分の見方や考え方を広げ、新しいやり方やかかわり方（総じて、"パフォーマンス"とする）をつくり出すこともできる。具体事例を通して詳しく見ていこう。

事例2　特別支援学校の生徒との関わりを通して変容する大学生

　2015年から2年間、明治大学国際日本学部の学生は、大阪にある特別支援学校（肢体不自由）と連携して分身型ロボットOriHimeを活用した高大連携の教育実践を企画、実施してきた。特別支援学校の生徒が学校外の活動に参加できるよう、特別支援学校の生徒に大学のキャンパスツアーや英会話交流、留学生との文化交流を行った。学生たちは障がいのある生徒とのかかわりを通して、何度も「うまくいかない」経験をしながら、かかわり方、話し方、伝え方を見直し、さらに、自分自身のあり方をも変容させていった。学生の1人（4年生・女性）は次のように振り返っている。

　OriHimeの開発者の方、活用している方、活動を支援してくれる方との繋がりを持つ事ができ、機材や活動場所に不自由なく思考の幅を広げながら、自分たちの挑戦を形にすることができた。分からないこともあり失敗も多かったが、さまざまな強みをもつ学生、留学生、先生のアイディアを合わせる事で「次」を創り出していく楽しさがあった。教わった知識や経験を元に実践をするのではなく、模索しながら進む、自由な冒険のようなこの実践から学んだ事は、失敗を恐れて立ち止まらないことだった。自分にないアイディアは他の誰かが持っていて、自分の発言が誰かのヒントになるかもしれない。想定外の事が起こったら柔軟に立ち向かう。誰かの真似をするのではなく、間違いを恐れずに好きなだけ失敗する気持ちをもって取り組む。このような前向きさを忘れずに、目標に向かうワクワク感を、学生同士だけではなく連携している先生とも共有しながら取り組んだ。失敗から学び、成功から学び、他人から学び、

自己を振り返ることからも学んだ、枠組みのない自由な実践の上には、今までよりも少し大きくなった自分たちの姿がある。

　特別支援学校の生徒も同様に、これまで授業では見せなかった新たなパフォーマンスを見せた。学生たちに対して支援学校の学校ツアーを企画・実施したり、障がいのある自分たちの目から見える社会福祉について学生に教えたりするようになった。また、担当教諭に頼ることなく自分たちで学生たちと交流し、やりたいことを一緒に考え、計画、実施するようになった（詳細は、緒方ほか 2017）。彼らもまた自分自身のあり方を変容させていったといえる。

⑵　学校や授業にも変革を引き起こす！？

　ICT を活用した越境する教育実践は、授業や学校など組織レベルにおいても変革を起こしうる。インターネットの活用を通して子どもは教室という状況的に規定された役割を越えて（Cuban 1984）、世界中の人や情報にアクセスして主体的・対話的に学んでいく。教室や学校がもつ構造の中には、「教師が知識を与え、子どもがそれを受け取る」という関係性や行動パターンが含まれるが、子どもは越境することで、教師に教えられるのを待つのではなく、自分たちで行動を起こし、主体的に学ぶことができる。また、新しい挑戦においては協働の必要性が生じ、対話的な学びをするようになる。

　従来、教師は授業展開について見通しをもち、指導に必要な教材教具を事前に準備するが、ICT を活用した越境する教育実践では、子どものニーズや関心など状況に応じて即興的にリソースやツールを準備していくことになる。また、必要に応じて、他の教師や保護者、地域との連携し、支援体制も整えていく。次第に、子どもの活動を支えるために環境が構築され、そこでは「教師が知識を与え、子どもがそれを受け取る」という関係性や行動パターンとは異なる新しいパフォーマンスが生み出される。このように新しいパフォーマンスを生み出すと同時にそれを支えるための教育環境が作られていくのである。たとえば、学内で子どもたちが日常的にパソコンを利用できるように

環境が整備されたり、保護者や地域の人が授業に参画するようになったり、学内に子どもの新しいパフォーマンスを支援するための教師グループが生まれたり、大学との連携が始まったりなどがある（事例3で詳述）。

　とはいうものの、授業も学校もそんなに簡単には変わらない。これまでも新しいテクノロジーや方法が学校に導入される度に、「授業が変わる、学校が変わる」と主張されてきた。実際、ラジオ、テレビ、書画カメラなど（当時）新しいテクノロジーが学校に入っても学校教育はほとんど変わらなかったし、変わったとしてもとてもゆっくりした変化であった（Cuban 1986）。従来の学校教育は「工場モデル」と揶揄される。なぜなら、どのように教えれば良いのか、何を教えれば良いのかがパッケージ化され、誰もが利用でき、予測可能な形で授業を進められる所以である。この構造は政府が主導となり1世紀以上も維持され、「教師が知識を与え、子どもがそれを受け取る」授業の基盤となった。コンピュータが導入されたところでその構造が変わらない限り、授業や学校に変革は起こらない。さらに、この構造は多くの教育関係者、教師や保護者、子ども、学校の管理職、研究者、政策立案者などによって好んで維持されており、彼らにとってその変革は脅威となるため避けられてきた。

　ICTを活用した越境する教育実践においても同様であるが、もし教師と子どもが越境を通して直面する認知的葛藤を避けるのではなく、自分自身のあり方を変容させる学習のリソースとして積極的に取り入れるのであれば、個人レベルにとどまらず、集団的、組織的な変革が期待できる。越境による葛藤は、確立した慣例や広く行き渡った習慣では対応できないことから生じるため、教師と子どもは活動を通してその環境をつくり変えていく。つまり、教えることと学ぶことのあり方を根本的に見直し、その慣例や慣習の土台となる授業および学校の改革へとつないでいけるのである。具体事例を見てみよう。

事例3　インドの学校支援に対する教師と児童の思いから発展した地域や企業連携

　関西大学初等部は2010年の開校当初から総合的な学習の時間において、国際理解教育を重視した教育活動に取り組んできた。なかでもアジアの発展

途上国に焦点を当て、3 年生から 6 年生の子どもはそれぞれの学年でカンボ
ジアやフィリピン、インドの子どもとインターネットを通した交流を実施し
ている。

　事例 3 として紹介するのは、高学年の子どもが 2012 年にインドの NGO
と連携して、アウトカーストの子どもたちの教育支援を行った国際協力実践
活動である。アウトカーストの子どもが通う貧困地域の学校の教育環境を改
善するため、5 年生はフリーマーケットで寄付金を集め、6 年生は彼らが取
り組むプロジェクトに関する本を出版した。彼らはそれらの収益を使って、
現地の学校に時計やソーラーランタン、ホワイトボードを設置したり図書室
やコンピュータルームの整備をしたりした。

　この活動は当初一人の教師が始めた。単元構想は次の通りである。まず子
どもがインドの現状を調べ、現地の子どもとのインターネットを通して交流
し、自分たちにできることを考え、活動のプランを立て実施するのである。
しかし、子どもも教師も国際協力の経験はなく、また具体的なイメージをも
てないため、実現可能な活動計画を立てることができなかった。そこで、教
師と子どもは現地をよく知る大学教員および現地でボランティア活動をして
いる大学生、さらには、現地の学校を支援している NPO 法人のスタッフに
協力をお願いし、実践づくりに参加してもらいながら活動計画を具体化して
いった。活動が進んでくると、子どもは現地との交流で知ったことや活動の
内容を学校に掲示した。そして、それを見た保護者・同僚の教師・管理職等
からの理解と協力を得ることができた。また、その成果が認められ、大学や
市のボランティア団体が主催するイベントで発表するなど発展的な活動へと
つながった。最終的にフリーマーケットの実施と本の出版に至り、当初予定
していた現地の学校の教育環境の整備に、子どもたちは貢献することができ
た (詳細は、関西大学初等部 6 年生 2016)。

　この動きは学校全体へと広がり、現在もなお、関西大学初等部では途上
国の子どもとインターネットを通した実践が保護者や地域の人、大学生、
NPO のスタッフと連携のもと実施されている。さらに、同校の実践は他学
校にも広がっていった。

3　ICT 活用による教室を超えた教育実践

　ICT を活用した越境する教育実践では、葛藤を新しい学びのリソースとして積極的に取り入れ水平的学習を志向することができるが、その始まりはそれとは異なる目的であった。本節では、その歴史を辿りながら ICT を活用した越境する教育実践の多様な形態について整理する。

　閉ざされた教室での教育を ICT によって広げようとする教育は、1980 年ごろに米国で登場したコンピュータ支援教育 (Computer Assisted Instruction：CAI) として始まった。教室の中に限らず、子どもがコンピュータを通して学習できる取り組みが進められたのである。当時の米国の学校教育は教師によって厳しくコントロールされ、一対多の会話を行う、いわゆる、教師中心による知識伝達型の授業であったが、コンピュータを活用することで、子どもが自らの習熟度やペースに合わせて自律的に学習できる教育環境を実現したのである。CAI は大いに期待されたが、一方で米国の教師は、CAI の導入により教師の仕事が奪われてしまうのではないかと不安と恐怖を感じていた (Bliss *et al.* 1986)。

　ところが、実際には、子どもがコンピュータに向き合って勉強するという方向性とは全く違う形で ICT が使われるようになった。そこで観察されたのは、コンピュータを媒介として子どもが他の子どもと一緒により良く学んでいる姿であった。教室に配置されたパソコンを使わなければいけないという教師に対するプレッシャーは強かったが、実際に教室に配置されたパソコンの台数は少なかったため、自然とその解決方法として、子どもは 1 台のパソコンをグループで協同的に使うようになった。ICT の活用を通してグループでの協同的な学習が促されたといういくつもの知見から、1990 年代にはコンピュータに支援された協同学習 (Computer Supported Collaborative Learning: CSCL) が登場したのである。

　CSCL はコンピュータによって複数の学習者がお互いにコミュニケーションを取りながら学習することを支援しようとする研究活動のことである。学習者はインターネットを使うことで越境し、地理的に離れた他者と協同で学

習活動に取り組む。本章で取り上げる ICT を活用した越境する教育実践は CSCL に位置づけられるが、CSCL は学習・発達の捉え方やそのアプローチによっていくつかの形態に分けられる。本章では「学習目標が事前にある / ない」「学習ルールや手段が事前にある / ない」を軸とした A から D の 4 つの形態に分け、具体事例を示しながらその特徴を示す。

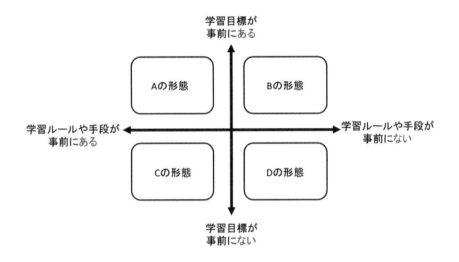

図 7-2　CSCL の 4 つの形態

（著者作成）

1)　形態 A の事例として：MOOCS を活用した学習

　MOOCS は Massive Open Online Courses（大規模な開かれた講義）の頭字語で、インターネット上で誰もが無料で受講できるオンラインの講義である。米国で 2012 年に始まり、幅広い年齢層のユーザーが利用しており、世界中で 7,800 万人以上が受講している（Class Central 2017）。講座は数週間で学べる学習コースで構成されており、認定基準を満たすと修了証が取得できる。代表的なプラットフォームとして、コーセラ（Coursera）、エデック（edX）（英語版）、国内では JMOOC（日本語版）がある。一般的にインフォーマル学習として活用されるが、反転授業としてフォーマルに JMOOC が活用されることもある。MOOCS では、事前に学習目標が明確に示され、その目標を段

階的に到達できるように学習内容や方法が配置されている。

2) 形態 B の事例として：オンラインのプロジェクト型学習

　形態 B の多くはプロジェクト型で、事前に目標が明確に示されている。しかし、目標到達に向けてのリソースやツールは学習者が選択できるようにオンライン上に配置されている。子ども向けのコンテンツが多く、子どもが安心・安全かつ楽しく参加できるように工夫されている。たとえば、Night Zookeeper では、子どもは自分のキャラクター（アバター）を作り、そこに参加する世界各国の子どもと交流しながら、ブログや絵本、映像を制作する。プロジェクトには、子ども同士のコミュニケーションを促進、支援するために、会話に役立つ英単語や文法学習などのプログラムが埋め込まれている。ブログや絵本、映像制作という明確な活動目標が示され、子どもはオンライン上のさまざまなリソースやツールを使って必要な知識やスキルを習得していく。

3) 形態 C の事例として：ゲームに基づいたオンライン学習

　形態 C では、オンライン上に配置されたリソースやツールを利用し、問題解決していく。それらをどのように使い、何をどこまで到達するかは学習者次第である。ゲームに基づいた学習（Game Based Learning）がそのひとつである。ゲームといっても娯楽ゲームではなく、教育的意図を含めたシリアスゲームを指す。シリアスゲームでは、プレイヤーを生産的なパートナーとして捉え、彼らが学びのためにゲームを活用できるようにデザインされている（詳細は、Gee 2007）。つまり、プレイヤーは単なる知識の消費者ではなく、新しい知識の生産者として活動に参加する。Gee（2007）によると、良いゲームはプレイヤーに自分が何者であるかについてのアイデンティティを醸成する。新しい領域を学ぶということは、その価値や振る舞いを学ぶということである。それは、物理学者や家具職人がその仕事をする中で、そのやり方を覚え、新しい視点や方法で世界を見ることができるようになることである。学習者は、オンライン上のさまざまなリソースやツールを活用すると同時にオンライン上で協働のしかたを学び、その世界について知り、振る舞えるよ

うになっていく。

4）　Dの形態の事例として：コミュニティへの参加または構築を通した学習

　形態 D の特徴は、学習者がかかわり合いを通して新たな活動を生み出す
と同時にその環境を自らつくり出す点である。先に紹介した 3 つの事例がこ
の形態にあたり、学習者は越境によりさまざまな葛藤に直面しそれに対応し
ていく中で、「まだここにない学び」を生み出し、それに応じて新しい知識や
スキルを身につけ、ひいては、自分自身のあり方をも変容させていく。

　CSCL には多様な形態があり、越境による問題や葛藤を生じさせないよう
にプログラム化した形態 A のようなものもあれば、筋書き通りにはいかな
くともその都度対処しながら活動を生み出していこうとする形態 D のよう
なものもある。重要なことは、何を目的として子どもを越境させるのかに対
して教師が意識的になり、それに応じた学習環境を整えることである。

4　ICT を活用した越境する教育実践のデザインと教師の役割

　最後に、ICT を活用した越境する教育実践を行うための 4 つのポイントを
提案する。

⑴　「真正な活動」をデザインしよう

　子どもが葛藤に直面してもそれを避けず、相手とコミュニケーションを取
り協働しようとするのは、それが彼らにとって本物で、意味のある活動だか
らである。単にインターネットで両者をつないだだけでは、協働は始まらな
い。協働の土台となるのは真正な活動（Authentic Activities）である。ヘリント
ンほか（Herrington *et al.* 2000）は、真正な活動をデザインするための視点とし
て**表 7-1** に示す 10 の視点を提示している。ICT はそのすべてにおいて活用
されうる。たとえば子どもが越境したいと思う動機を促すため実社会と関係
のある活動に取り組ませるために映像コンテンツを利用したり、多様な解が

ある課題や一人では解決が難しい課題に協働的に取り組ませるためにビデ
オチャットなどを利用したりできる。表 7-1 の視点を参考に何を目的として
ICT を活用するかを検討できる。

表 7-1　真正な活動のための 10 の視点

① 実社会との関連性 (Real-world relevance)
② 明確な解がない課題 (Ill-defined problem)
③ 継続的な探求 (Sustained investigation)
④ 多様な学習リソースと見通し (Multiple sources and perspectives)
⑤ 協働 (Collaboration)
⑥ 内省 (Reflection (metacognition))
⑦ 学際的な観点 (Interdisciplinary perspective)
⑧ 総合的評価 (Integrated assessment)
⑨ 洗練された成果物 (Polished products)
⑩ 多様な解釈と成果 (Multiple interpretations and outcomes)

(Herrington *et al.* 2000)

事例 4　**日本人と日本語を、米国人と英語をつかったリアリティのある学び合い**

　事例 4 は、京都の大学で日本語教員養成の一環として実施した日本と米国
の学生間の実践である。日本語を学ぶ米国人学生に対して、日本語教師をめ
ざす日本人学生が日本語会話演習を行った。日本人学生は大学の講義で学ん
だ知識や技術 (たとえば、教育方法技術や日本語教育方法論) を活用し、ICT を
通して実際に日本語学習者 (米国人学生) に指導を行った。筆者は表 7-1 の視
点から活動をデザインした。日本語を話す機会または日本語を教える機会が
ない学生にとって、日本語を使って教え学び合う実践は、実社会とのつなが
りがある真正な活動であった。インターネットを通した日本語指導は十分に
知見が蓄積されておらず、日本人学生は反省点や改善点をオンライン上に記
録し他の学生と共有した。これにより、問題解決に必要なキーワードを知る
ことができ、自分で検索して必要な情報を得るなど継続的な探求ができるよ
うになった (詳細は、岸・大谷 2013 を参照)。

⑵　葛藤をきっかけとして探求活動をはじめよう

　子どもは越境することで異なる文化の他者と出会い、かかわることになる。いつものやり方ではうまくいかない経験や、同じ言葉でも解釈の違いから誤解が生じるなど、さまざまな葛藤を経験するが、それらは新しい学びの潜在的可能性となる。教師は子どもと一緒にその葛藤を「なぜ」という問いへと転換し、探求活動を始める。「なぜ私はこの言葉に対して相手を冷たい人だと感じるのだろうか」「なぜ言いたいことがうまく伝わらないのだろうか」と問いをもつことで、異文化だけではなく、自己および自文化について見直すきっかけをもつ。事例 1 で紹介したパレスチナ人生徒と日本人児童の会話で出てきた「僕の将来の夢は兵士になることです」の言葉がその例である。日本人児童は兵士になりたいというパレスチナ人生徒に対してどう反応すればいいかわからず当惑したが、パレスチナ問題について理解を深める探求活動へとつながった。言葉は社会的なもので、それぞれの文脈で社会的・歴史的に定義された概念である。異なる文化間で交わされる言葉には、彼らを知るきっかけが多く含まれている。日本人児童は、パレスチナ問題について知ることで「僕の将来の夢は兵士になることです」が示す意味が、彼らの愛国心であり、家族への愛であり、大切な人を守るための仕事であることを知り、暴力的なイメージを持つ「兵士」の意味とは違う視点で捉えることができるようになった。

　このように言葉のやりとりから、意味を探るプロセスにおいて、相手への理解を深めるだけではなく、自己や自文化に対する見方や考え方について意識できるようになる点も、越境による学習の面白さである。

⑶　ICT の特性を理解してコミュニケーションをしよう

　コンピュータを通したコミュニケーションは対面のものとは違う。コンピュータに媒介されたコミュニケーション（Computer Mediated Communication: CMC）研究はその特性を明らかにしてきた。つまり携帯電話のコミュニケーション様式は対面のものと違って独特のものがあるし、Twitter や Mixi、Facebook など SNS でのコミュニケーションにはそれ独自の作用や暗黙の前

提がある。具体例を一つ挙げよう。ビデオチャットは、顔を見ながら直接話ができるためリアリティの高いICTとされる。1対1であれば確かにそうだが、1対多数の場合、そこに人が「いる」ことを示す存在感（社会的存在感）が弱くなってしまう。ビデオチャットで交換されるのは、聞き手が見たい情報ではなく、話し手が見せたい情報と流れてくる音声だけである。そのため、話し手が聞き手の存在を意識できなくなると、聞き手は放置されたような状態に置かれてしまう。事例2で紹介した分身型ロボットを使えば、聞き手は見たいところに顔を向け、動きによって自分の存在を相手に示すことができる。講義など誰かの話を聞くだけであればビデオチャットで十分だが、遠隔地にいる人と何か活動を一緒にしようとなると、相手の存在を実感できるツールが重要となる。

　同期型か非同期型によってもコミュニケーションの特性は異なる。同期型のコミュニケーションでは、相手から即時のフィードバックを得られるため素早く意思決定ができるが、沈黙の時間が対面の時よりも長く窮屈に感じられる。一方、非同期型のコミュニケーションでは、時間をかけてじっくり考えて返事ができるメリットがあるが、何か意思決定をする時には時間がかかるというデメリットがある。それぞれのICTの特性を理解して適切なコミュ

図7-3　分身型ロボットを通して日本人生徒に料理などを教えるシリア人生徒

（著者提供）

ニケーションの方法を選択することが重要である。

⑷　子どもの多様な才能をいかせる実践を作りだそう

　子どもは越境することで、いつもと違う人に出会い、いつもと違う活動に関わる。それにより、従来の学校教育ではあまり評価されなかった彼らの才能を活かすことができる。ある分野の専門家、情報提供者、企画提案者、イラストレーター、絵本作家、コピーライター、ディレクター、フィールドワーカーなど「いつもと違う自分」になり、その才能を発揮し発展させることができる。事例 1 の絵本制作では、イスラトレーターやコピーライターとして、事例 2 では障がいのある生徒の日常での経験や見方、考え方そのものが彼らの才能として発揮された。

　知識や理解だけで評価されるのではなく、子どもの多様な才能を発揮できる環境は、新しい種類のパフォーマンスを生み出すと同時に子どもの多様な資質・能力を育てる。教室を越境し多様な他者とかかわることで、彼らは教室の中で状況的に規定された「教師から教えられる子ども」としての役割から解放され、「いつもと違う誰か」になって、多様な才能を試すことができる。「いつもと違う誰か」になるためには、その役割を担うことを正統的に認め支援してくれる相手（周りの環境）が必要である。そのためには子ども一人ひとりが役割や立場でかかわり、彼らの多様な才能を発揮できる場づくりの視点が重要である。

5　「まだここにない学び」を通して、「今の自分を越える」

　水平的学習としての ICT を活用した越境する教育実践は、明確な目的に向けてスモールステップで段階的に習得する学習（垂直的学習）とは違う。従来の学校教育では、教科書の内容を暗記したり、早く問題が解けるようになったりすることを学習として捉える。水平的学習では、学力が上がったり、早く問題が解けるようになることを目指していない。むしろ、異文化の他者とのかかわりの中で直面する葛藤を通して自己や文化についての理解を深め、

その過程で自分の物の見方、考え方を変えていったりするような、創造的で革新的な変容を学習として捉える。つまり、自分自身のあり方が変わっていくプロセスそのものが学びであり発達なのである。

　教師にとっても子どもにとっても経験したことがないことや、やり方がわからないことに取り組むことは挑戦的なことである。いくら計画的に進めようとしても予期せぬことが起こるのが常であり、即興的な対応が必要となる。しかし、そのプロセスは「生産」のプロセスであり、生産することによる喜びを体験することができる。この喜びもまた、人とつながる動機となり協働の核となる。私たちは長い間、学校教育において、どれだけ「知識」を蓄積したかで評価されてきた。その「知識」は、自然科学や社会科学やその他の分野で発展されてきたものであり、知識がどのように生み出されたかを知らないまま、その結果だけを受け取り暗記してきた。既存の知に疑問をもったり、問題視したりすることもほとんどなかった。越境の経験は、そういった既存の知に対して疑問をもったり問題視したりして再構築する学習である。それは、まさに 21 世紀の社会において求められる資質・能力である。ICTを活用した越境する教育実践は、子どもたちが、新しい状況に合わせて知識を発展的に創造し、自らの資質・能力を広げ、「知っていることを超えていく」場となることが期待される。

参考文献

稲垣忠・黒上晴夫・中川一史・堀田龍也 (2014)『学校間交流学習をはじめよう―ネットの出会いが学びを変える』三晃書房

緒方日菜子・植田詩織・岸磨貴子 (2017)「分身型ロボットを媒介した新しいパフォーマンスの創出：特別支援学校の生徒の学習・発達」『日本教育工学会研究報告集』日本教育学会 17 (5)

関西大学初等部 6 年生 (2016)『ナマステ！会いたい友だちと―友情は国境を越える』さくら社

岸磨貴子 (2016)「国際理解学習・国際協力実践活動　三宅実践からの提案」三宅貴久子を語る会編『三宅貴久子という教師―主体的・協働的な学びの実践』さくら社

岸磨貴子・今野貴之・久保田賢一 (2011)「インターネットを活用した異文化間の協働を促す学習環境デザイン―実践共同体の組織化の視座から」『多文化関係学』第 17 巻：1-18

岸磨貴子・大谷つかさ (2013)「ICT を活用した経験学習のための学習環境の開発―日本語教員養成の事例から―」『教育メディア研究』20 巻 2 号：3-14

Bliss, J. ,Chandra,P. & Cox, M.（1986）"The Introduction of Computers into a School" *Computers & Education* Vol.10 (1)：49-54

Class Central (2017)"By The Numbers: MOOCS in 2017" https://www.class-central.com/report/moocs-year-in-review-207（2018/2/1 参照）

Cuban, L.（1984）*How teachers taught*. New York: Longman

Cuban, L.（1986）*Teacher and machines*. Ne York: Teachers College Press

Engeström（2016）Studies in Expansive Learning: Learning What Is Not Yet There, NY: Cambridge University Press

Engeström, Y. Engeström, R. & Kärkkäinen, M. (1995)"Polycontextuality and boundary crossing in expert cognition: Learning and problem solving in complex work activities" *Learning and Instruction* Vol.5 (4) 1995: 319-336

Engeström, Yrjö.（1987）*Learning by Expanding: An Activity-Theoretical Approach to Developmental Research*, Cambridge University Press. = 山住勝広・松下佳代・百合草禎二・保坂裕子・庄井良信・手取善宏・高橋登訳 (1999)『拡張による学習―活動理論からのアプローチ』新曜社

Gee. J. P.（2007）*What Video Games Have to Teach Us About Learning and Literacy*, Griffin; Rev Upd 版

Herrington, J., & Oliver, R.（2000）. An Instructional Design Framework for Authentic Learning Environments. *Educational Technology Researcher and Development*, 48 (3)：23-48

Kear, K.（2011）*Online and Social Networking Communities: A Best Practice Guide for Educators*, Routledge

さらに勉強したい人のための文献案内

(1)　佐藤郡衛・横田雅弘・坪井健・異文化間教育学会 (2016)『異文化間教育のフロンティア（異文化間教育学大系 第 4 巻）』明石書店

日本社会の多文化化に伴い異文化間教育への関心が高まってきた。異文化間での教育を捉えて行くためには学際的な研究が必要となる。本書では異文化間教育における多様な方法論のレビューと今後の研究の展望がまとめられている。

(2)　香川秀太・青山征彦 (2015)『越境する対話と学び』新曜社
　　異なる集団やコミュニティを横断 (越境) する際、そこで何が起こるかについて、企業、医療、アート、学習コミュニティ、社会運動等の様々なフィールドを事例として、ユニークな実践事例が紹介されている。また、越境における学習・発達を捉えるための理論的枠組みが整理されており、越境における「コミュニティ間の相互発達」が起こる可能性について示唆されている。

第8章　情報活用能力を育てる

稲垣 忠

1　はじめに

　今後、ますます進展していくことが予想される知識基盤社会の中で、子どもたちはどのように生きていくのだろうか。ICT を学びの、仕事の、生活の道具として適切に活用し、より良い人生を送るためには、機器の操作技能を身につけるだけでは十分ではない。ICT を道具として活用しながら自ら学習を組み立て、遂行する力、情報技術の仕組みを理解し、自らもソフトウェアやコンテンツの創り手として活躍するための基盤となる力、情報社会の問題や危険性に対処できる知恵や態度など、学校教育で身につけるべきなのは、より広範な資質・能力であろう。本章では、これらの総称として用いられている「情報活用能力」に焦点を当てる。どのような資質・能力なのか、社会および情報技術の変遷と照らし合わせながら解説した上で、「操作スキル」「探究スキル」「プログラミング」「情報モラル」の4領域を提案する。その後、情報活用能力の中でも特に「探究スキル」に焦点を当てた授業デザインの方法として、子どもたちが ICT を道具として活用しながら探究的に学ぶ「情報活用型プロジェクト学習」の考え方と、小学校社会科での実践例を取り上げる。最後に、こうした実践を教育課程に位置づけ、教科を横断して育む資質・能力として情報活用能力を育成するにあたっての考え方を2パターンに整理した。

2　情報活用能力とはどんな力だろうか

⑴　知識基盤社会を生きる力

　情報社会を生きていくための資質・能力が情報活用能力である。本書では
現代社会を「知識基盤社会」と呼んでいる。知識基盤社会の定義の中で、特
に情報社会に関連する部分を挙げると、「②知識は日進月歩であり、競争と
技術革新が絶え間なく生まれる、③知識の進展は旧来のパラダイムの転換を
伴うことが多く、幅広い知識と柔軟な思考力に基づく判断が一層重要になる」
（本書 pp.viii-ix 参照）が対象になるだろう。②の技術革新でいえば、スマート
フォン、ロボット、人工知能、IoT（Internet of Things：モノのインターネット化）
といったさまざまな技術が登場し、私たちの生活を豊かにしたり、新たな課
題を投げかけたりしている。③のパラダイム転換は、かつての産業革命の際、
蒸気機関があらゆる産業を変えていったように、情報技術は暮らしを少し便
利にする程度にとどまらず、仕事の仕方や地域社会、人々のコミュニケーショ
ンなど社会の有り様を根底から変えてしまう事態が起きている。変化の激し
い社会において、情報活用能力は時代とともに変わり続ける力なのだろうか。
それとも、その根底には変わらない核があるのだろうか。

⑵　時代の変化と情報活用能力

　ISTE（International Society for Technology in Education：国際教育工学協会）が定
義している ISTE Standards for Students を見てみよう。1998 年（平成 10 年）
に定義された後、2007 年（平成 19 年）、2016 年（平成 28 年）と 2 回の改訂が
なされた。コンセプトと構成要素を**表 8-1** に示す。1998 年の定義は操作リ
テラシーとモラルに加えて、道具として生産性、コミュニケーション、探究、
問題解決の 4 つの用途が整理されたものだった。2007 年版では、創造性や
コラボレーションなど、これから重要とされる学力観が取り込まれた。最新
の 2016 年版では、操作スキルは項目から取り除かれ、イノベーション、創
造性、グローバルな協働といった、より高次な学力をターゲットにしている。
テクノロジーに対しては、計算論的思考（Computational Thinking）[1] にみられ

るように、活用する段階から考え方を理解し、問題解決に生かすレベルへと
深化している。

　こうした変化には、「ICT ＝主にコンピュータ」の役割の変化が背景にある。
1998 年はインターネットが普及し始め、情報検索や編集の道具として活用
されるようになった時期である。2007 年には初代 iphone が発売され、コミュ
ニケーションの道具としてのインターネット利用が広まっていった。2016
年には AI や IoT が話題となり、情報技術の仕組みや考え方を理解した上で
活用する必要性が喧伝された。9 年のサイクルは、その当時の技術動向や社
会へのインパクトを想定したものである。その上で、将来の社会を受け身で
適応するのではなく、創り手として活躍する子どもたちを想定した要素へと、
再定義が繰り返されてきた。

　日本の動きはどうだろうか。情報活用能力が「情報及び情報手段を主体的
に選択し活用していくための個人の基礎的な資質」として初めて定義された
のは 1986 年（昭和 61）年の臨時教育審議会第二次答申に遡る。つくば科学万
博が 1985 年に開催され、「ニューメディア」がブームとなった頃である。学
習指導要領では、1989 年（平成元年）改訂の学習指導要領から中学校の技術・

表 8-1　ISTE Standards for Students の変遷

改訂時期	1998（NETS-S）	2007	2016
コンセプト	テクノロジーを活用するための学び	テクノロジーを学ぶために活用する	テクノロジーによって学びを変革する
要素	・基本的な操作と概念 ・社会的・倫理的・人的な事柄 ・生産性を高める道具としてのテクノロジー ・コミュニケーションの道具としてのテクノロジー ・探究の道具としてのテクノロジー ・問題解決と意思決定の道具としてのテクノロジー	・創造性と革新性 ・コミュニケーションとコラボレーション ・リサーチと情報の活用 ・批判的思考・問題解決・意思決定 ・デジタル・シティズンシップ ・テクノロジーの操作と概念	・エンパワーされた学習者 ・デジタル社会の市民 ・知識を構成する人 ・革新的なデザイナー ・計算論的思考をする人 ・創造的にコミュニケーションする人 ・グローバルに協働する人

（ISTE 1998, 2007, 2016 を元に筆者が訳出）

家庭科に「情報基礎」が選択領域として新設された。つまり、情報教育には30年以上の歴史がある。

　情報活用能力の定義は「情報化の進展に対応した初等中等教育における情報教育の推進等に関する調査研究協力者会議」第1次報告（文部科学省1997）で確立された。インターネットの学校への導入はまだ一部の先進校に限られ、googleが検索サービスを始めた年でもある。「情報活用の実践力」「情報の科学的な理解」「情報社会に参画する態度」の3観点が示され、その体系的な育成が目指された。その後、「初等中等教育の情報教育に係る学習活動の具体的展開について」（文部科学省2006）において「3観点8要素」として詳細化された（本書p.7参照）。1997年から約20年にわたって「3観点」の定義が通用してきたことになる。小学校から高校までの12年間を前提とする学校教育においては、その継続性・安定性を担保する上で、意義のあることだったと言える。とはいえ、スマートフォンもタブレット端末も無かった時代に定義された能力を、2030年、2040年を生きていく子どもたちに育成するのではいささか心許ない。2017年（平成29年）に改訂された学習指導要領では、「学習の基盤となる資質・能力」として教科を横断して育成する必要性が強調されるとともに、3観点8要素を再整理する議論も始まっている。

⑶　2つの軸で考える情報活用能力の構成要素

　日米の情報活用能力の定義をみてきた。情報技術や社会の変化に応じて再定義されてきた米国と長年にわたって安定的な定義を維持してきた日本には、それぞれ良さも課題もあるだろう。いずれにしても、知識基盤社会を生きていく上で必要な資質・能力は多岐にわたることから、情報活用能力は幅広く、複数の要素からなる複合的な能力だといえる。

　ここでは試論として、情報活用能力の要素を二つの軸から整理した案を示す（**図8-1**）。一つ目の軸は、変動的か普遍的かである。情報技術やそれによる社会の変化は激しく、12年間通用する定義を策定することは難しい。とはいえ、数年単位で変わっていては、学校教育として体系的に育成することも難しくなる。普遍的なものは何か、時代に応じて変動する要素は何か、を

整理する必要がある。図 8-1 では、普遍性の高いものとして「探究スキル」を配置した。情報を集め、信頼性を吟味し、整理・分析し、自分の考えをまとめ、発信するといった探究的な学びを支えるスキルは、手段にネットやICT が加わったとしても、その本質が大きく変わるわけでは無い。

　もう一つは、現在対応と将来展望、つまり、身につけた資質・能力をいつ使うのかという視点である。家庭科の消費者教育や保健の病気の予防のように、学習内容には子どもの現在の生活に直結するものがある。情報モラルは目の前の子どもたちにとっても緊急性の高い、現在対応しなければいけない内容である。コンピュータの操作スキルも、学習の道具として ICT を活用していく上では子どもたちが今、できるようになる必要がある。一方で、プログラミングやビッグデータの活用など、将来のキャリアを見据えつつ、情報技術にまつわる意義や考え方を学んでおくべき内容もあるだろう。

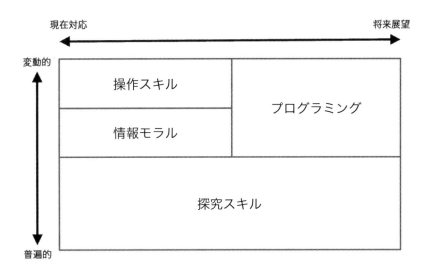

図 8-1　情報活用能力を構成する要素

（著者作成）

　以上のように「探究スキル」「情報モラル」「操作スキル」「プログラミング」の 4 領域で整理を試みた。この 4 領域は実際にはそれぞれが独立していると

いうよりも、組み合わさっている。たとえば、社会科などで何か課題を設定して探究する単元を考えてみよう。検索やプレゼンテーションにまとめる際には操作スキルに加えて、著作権などの情報モラルを意識することも含まれる。統計資料のように膨大なデータを処理する際には、プログラミング的な思考を働かせて分析の手続きや傾向を読み取るアルゴリズムを工夫することも考えられる。学校教育で資質・能力を育成するには、その構成要素を明らかにし、カリキュラムに位置づける必要がある。しかしながら、子どもたちに結果として育まれる情報活用能力は、学習活動の文脈の中で複合的に発揮される力だと言えるだろう。

3　単元を見通して学びをデザインする

(1)　探究スキルとしての情報活用能力を育む

　情報活用能力を学校教育ではどのように育成していくのだろうか。教師の目線で授業をどうつくるのか、検討してみよう。学習者が課題を設定し、その解決に必要な情報を集め、整理・分析し、解決策を試みたり、発表したりする流れは探究活動と呼ばれる。2008年（平成20年）の学習指導要領の中で「総合的な学習の時間」の解説（文部科学省 2008）には、探究のプロセスとして「課題の設定」「情報の収集」「整理・分析」「まとめ・表現」のサイクルを繰り返していく図が描かれている（**図 8-2**）。情報を収集する際には、課題に応じて適切な手段を選択する。アンケートをとる必要があるのであれば、質問や選択肢を明らかにしたいことや対象者にあわせて吟味する。ウェブ検索であればキーワードの組み合わせを工夫する。検索結果の中から信頼性を考慮した上で課題解決に役立つ情報をしぼりこむ。さまざまな学習活動にはコツやその質を吟味する視点がある。図 8-1 で整理したように、情報活用能力の中でも時代の変化に対し普遍性が高く、現時点においても将来にわたっても重要な資質・能力である。

　ここでは、筆者がいくつかの小学校と共同研究を進めている「情報活用型プロジェクト学習」の立場から教科における探究を軸とした単元（数時間の授

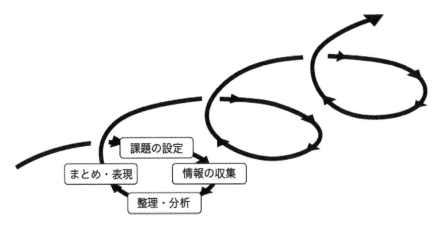

図 8-2　探究活動のプロセス

（文部科学省 2008）

業のまとまり）を開発する取り組みを紹介する。

　「我が家の食生活の見直しプランをつくる」「新入生に学校の魅力を伝える」のように、明確な活動のゴール（ミッション＝目的意識）を子どもがもち、一定期間、探究的な学習活動に取り組む授業は一般にプロジェクト学習（Project Based Learning：PBL）と呼ばれる。19 ～ 20 世紀の教育学者キルパトリックが提唱したプロジェクト・メソッドまで遡れば長い歴史をもつ。近年、教科の知識や技能を中心とした学力観から 21 世紀型スキルのように生きて働く資質・能力（コンピテンシー）中心の学力観へと転換が進む中、PBL は探究活動を通してコンピテンシーを育む指導法として注目されている。

　「情報活用型プロジェクト学習」は、プロジェクト学習を教科の単元をベースに実践しやすいよう簡略化した上で、情報活用能力の育成を関連づけたモデルである（稲垣 2016）。**図 8-3** に基本的な単元構成を示す。プロジェクトの「ミッション」は、教師から提示する場合もあるが、子どもたちにとって魅力的で挑戦しがいのある目標を子どもたち自身が設定する。目標達成に向けて解決するべき課題を具体化した上で、さまざまな情報源から情報を収集し、集めた情報について思考を働かせながら整理・分析し、プレゼンテーション等の成果物に表現する。表現したものをプロジェクトで設定した対象者に向

けて発信し、その結果を振り返り、学習成果を評価する。この一連のプロセスにおいて教科の学習とあわせて情報活用能力の育成を図る。

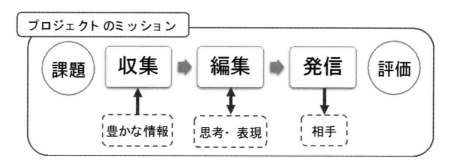

図8-3　情報活用型プロジェクト学習の単元モデル

(稲垣 2016)

⑵　学習活動を組み合わせて単元をつくる

　実際に情報活用型プロジェクト学習の考え方のもとでどのように授業をデザインするのだろうか。収集 - 編集 - 発信の3ステップのプロセスに対して、21種類の学習活動を想定している（**表8-3**）。これらを組み合わせた探究プロセスをイメージしてみよう。

表8-3　情報活用型プロジェクト学習を構成する学習活動

収集	編集	発信
(A)　図書	(I)　集約	(S)　発表
(B)　ウェブ	(J)　比較	(T)　質疑応答
(C)　インタビュー	(K)　関連づけ	(U)　振り返り
(D)　アンケート	(L)　論理	
(E)　観察・実験	(M)　表・グラフ作成	
(F)　体験	(N)　レポート	
(G)　表・グラフ読解	(O)　プレゼンテーション	
(H)　映像	(P)　新聞	
	(Q)　ポスター	
	(R)　動画	

(稲垣 2016)

　例として、小学校4年生の社会科の単元「安全なくらしとまちづくり」を取り上げる。交通事故や犯罪、火災などの災害から地域の人のくらしを守る

ために、警察署や消防署、地域の人々がどのような工夫をしているのかを学ぶ単元である。ミッションとして、低学年の子どもに校区の安全について説明する機会を設定したとする。成果物としては、校区の安全マップや地区ごとの危険や注意事項、工夫されていることなどを説明するプレゼンテーションが考えられる。課題は「〇〇町にある危険と、安全に暮らすための工夫を調べよう」のように具体的なものとする。ここからは子どもの目線になって探究プロセスをシミュレーションしてみよう。

　まず、情報の収集手段を考える。子どもたちは実際に校区を歩いてまわり、危険なところがないか、看板や工夫されているところがないか探索する（F. 体験）。警察署や消防署に見学に行った際、あるいは町内会長に話を聞くといった場面でも、なんとなく質問するのではなく、校区に多い事故や危険にはどんなものがあるのか、安全を守るために普段、どんなことをされているのかなど具体的な質問をする（C. インタビュー）。あるいは、自分たちのクラスや下級生に対して調査を行い、危ないと思ったところはなかったかなどを聞いてもよい（D. アンケート）。

　こうして集まった多種多様な情報を整理していく。起きている危険、その対策として工夫されていることを結びつけながら地図上に整理する（K. 関連づけ）。下級生に伝えるプレゼンテーション（O）を作成するために、危険、対策、アドバイスなどの情報を適切な順序で構成する（L. 論理）。

　最後に発信する場面では、作成したプレゼンテーションや防犯マップを使って下級生に発表（S）する。質疑（T）や感想からどんなことを伝えられたのか確認する。単元の最後には、他の班が作成した異なる地区の情報なども統合しながら、地域の安全を守るために誰が、どのような努力をしているのかを各自で文章などにまとめる（U. 振り返り）。

　こうして探究の流れを子どもの目線に立って具体化した上で、教師として指導すべき情報活用能力を検討する。まず、あらかじめ身につけておいてほしい部分（前提スキル）と、この単元で指導すべき部分（指導事項）を明確にする。たとえば、インタビューの活動でいえば、質問を考えることができそうであれば前提スキルに、インタビューのメモの取り方に不安があれば指導事

項に位置づける。特に社会科や生活科、家庭科など、探究の結果、学習する内容に重点のある単元の場合、実施単元における探究を十分充実させる上で必要なスキルのレベルを明確にする。

　教師のもう1つの役割は、十分な探究活動が可能となるように子どもたちを誘い、学習環境を整えることである。「○○町にある危険」に突然、子どもたちがタイミングよく興味をもつことはない。火事などのニュース映像を見せる、防犯ポスターを紹介するなど、きっかけのつくり方は多様に考えられるだろう。学習環境としては校外学習の手配、対象となる下級生の担当教員との調整、調べる際の図書資料、プレゼンテーションにまとめるためのICT環境の準備などが想定される。

　実例を紹介しよう。仙台市立錦ケ丘小学校の山本晴太教諭は、この単元をベースに実際に情報活用型プロジェクト学習を実践した。自分たちの暮らしを守るための地域の人々の工夫や努力を伝える安全マップを地区ごとに班で分担して作成し、1年生向けに伝えるプロジェクトである。教科書やNHKの学校放送番組などを活動のモデルとして導入を行った後、地域に出かけ、インタビューやタブレットPCを用いて危険箇所の写真や動画を撮影した。地図は協働学習用のアプリケーションを使用することで、同時に書き込み・編集をしたり、他の班の様子を随時参照したりできるようにしていた（**図8-4**）。できあがった安全マップをタブレットPCに入れて再度実地調査を行って内容の正確さを確かめた後、完成報告会を行い、学校のWebサイトにも公開した。この実践には、社会科の学習に合わせて、インタビュー、写真や動画の撮影、資料を使いながら口頭で発表するといった操作スキル、探究スキルの習得・活用場面が含まれる。撮影の許諾、資料の出典を示す、相手を意識して表現を工夫するといった点には、情報モラルの側面も含まれるだろう。

　同様に地域を調べる単元として、「町の幸福論〜コミュニティデザインを考える」が東京書籍の6年国語の教科書に収録されている。町の課題を調べ、今後の町づくりについてプレゼンテーションする単元である。この場合、国語の授業で、口頭の発表や質疑の仕方などが指導目標とされており、該当単

元として指導すべき事項は「発信」場面の発表 (S) や質疑応答 (T) と重なり合う。一方で、情報を収集する場面では、他地域の取り組みをウェブで調べる、地域の方にインタビューするなどの活動が含まれる。この単元までの学習で身につけた探究スキルを生かす場面であり、子どもの実態に応じて指導の程度を調整することになる。

図 8-4　安全マップをタブレット PC で協働で作成する
(仙台市立錦ケ丘小学校提供)

4　教科を横断するカリキュラムの構築に向けて

(1)　情報活用能力はいつ・どこで教えるのか

情報活用能力を育成する手法として、情報活用型プロジェクト学習の設計方法と実践事例を紹介した。とはいえ、すべての教科の単元をこのように設計する必要はない。算数の計算技能を身につける、国語で物語を読解するなど、プロジェクトに不向きな単元もある。学校教育は、子どもたちの人間形成の基礎となる力を育む場であり、情報活用能力は育てるべき力の 1 つにすぎない。その一方で、先程の社会科や国語の事例の通り、情報活用能力は単

元を通した学び方にもかかわる力であり、どこかで一度教えれば済むものではない。さまざまな教科で情報活用能力の育成につながる学び方は繰り返し登場し、子どもたちも何度もこのサイクルを経験する中で身につけていく。

　授業をつなげたものが単元であり、いつ、どの単元に取り組むのかを配列したものが年間計画であり、それらを小学校でいえば6年間、積み重ねたものがカリキュラム（教育課程）である。反対側の視点から見てみよう。学習指導要領には教科ごとに目的が定められ、学年ごとに目標が設定され、目標に従って内容が記されている。目標や内容に従って教科書が作成され、教師は教科書に配列された内容をもとに単元を年間計画に位置づけ、日々の授業を行っている。

　情報活用能力のカリキュラムはどのように考えたら良いだろうか。一節で確認したとおり、情報活用能力は複合的な能力である。しかも、技術の進化はますます激しくなっている。小学校1年生のときに習ったことは6年生でも通用するだろうか。さらにその先の学びを支える力になるだろうか。

　2017年（平成29年）の学習指導要領では情報活用能力を「学習の基盤となる資質・能力」と定義した上で、「教科等横断的な視点」で育成する必要があるとした。学習の基盤とは、各教科を学ぶ際に土台となる力、という意味である。図8-1に立ち返ってみよう。「操作スキル」でいえばタイピングのスキルは、さまざまな教科でレポートを書いたり、プレゼンテーションを作成したりする際に欠かせない。情報活用型プロジェクト学習が対象とする「探究スキル」としての情報活用能力もまさに、さまざまな教科で探究的に学習する土台である。これらの活動を進める上で、著作権に配慮する、相手に配慮して情報を伝えるといった「情報モラル」を踏まえるべきであろう。

　「プログラミング」はどうだろうか。Scratch等の何らかのプログラミング言語を用いてアプリケーションを作成できるスキル自体は学習の基盤とは呼べないだろう。ただし、事象をモデル化して捉える、手続きを明確化する、プロトタイプをつくって見通しをもつ、条件を制御してモデルを検証する、フィードバックをもとに試行錯誤を繰り返すなど、プログラムを作成する際にはさまざまな思考が働く。これらは教科の学習の中でも、複雑な事象や大

量の情報（データ）の処理が伴う問題を解決する際に支えとなる考え方である。算数・数学の解決手順、理科や社会科で複雑な事象を整理したり、統計的なデータを処理・分析したりする学習に関連する。教科横断的な視点から位置づけを考えるべきだろう。

⑵　教科を横断する 2 つのアプローチ

　情報活用能力はここまで述べてきた通り、複合的な能力であり、教科横断的に育成することが求められる。カリキュラムへの情報活用能力の位置づけ方として 2 つのアプローチがあると考えられる（**図 8-5**）。

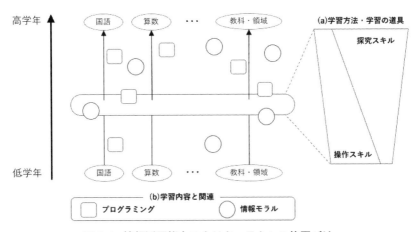

図 8-5　情報活用能力のカリキュラムへの位置づけ

（著者作成）

　ひとつめは、**(a)学習方法・学習の道具**として各教科・領域の単元に埋め込むイメージである。図中では、教科を横断する横長の角を丸めた四角形で示した。「探究スキル」と「操作スキル」が該当する。情報活用型プロジェクト学習は、特に探究スキルを身につけたり、発揮したりする場面を教科単元に組み込む手法である。「操作スキル」は、学習の道具として ICT を情報手段として繰り返し活用していくことで習熟を図る。例えば、小学校 3 年生国語科のローマ字の学習では、タイピングをあわせて指導するよう明記されたが、こ

の場面だけで十分に習熟するのは難しい。その後の学習で繰り返し活用する機会を設けることが重要である。操作スキルと探究スキルの比率は、低学年では操作スキルを中心にしながら、次第に探究の質を高めるスキル獲得へと変化する。

　もう一方は、**(b)学習内容として教科・領域と関連づけ**することである。「情報モラル」と「プログラミング」が該当する。図中では、四角と丸の記号で各教科に位置づけた。情報モラルでいえば、道徳、特別活動などで教材化されたものは数多く公開、市販されている。他にも国語科や社会科などの学習内容を指導する際に、情報モラルと関連する要素を意識して指導機会を設定すると良い。プログラミングについては、先述の理科や算数の他、図工で表現を工夫する際の材料として取り上げる等、教科内容に関連する場面を見つけて指導することになると考えられる。

5　学校現場が現実的に抱える課題

　情報活用能力について、その定義、指導方法、実践事例、カリキュラムのあり方まで一連の育成方法について解説した。しかしながら、現在の学校現場でこの情報活用能力の育成を十分に取り組んでいると言える学校は一部に留まっている。その原因をいくつかの面から探り、今後の課題としたい。

　一つ目は、情報活用能力が内容知と方法知の両面をもっている点である。カリキュラム設計で指摘した通り、情報活用能力は探究スキルのように学び方を学ぶ方法知であるとともに、情報技術や情報社会に関する内容知の面もあわせもつ。この際、方法知はそれだけを学ぶことは難しく、社会科や国語科のようにそれを活用する場面とセットにする必要がある。一方、プログラミングや情報モラル等の内容知は12年間を見通して学習内容を配列しても、時代の変化に対応することは難しい。多くの学校で取り組むには、教科として情報の時間を確保するのが正攻法ではある。しかしながら、他教科との関連や時代の変化に対応するためには、他の教科とは異なるあり方を検討するべきだろう。

　次に、子どもたちが使用する ICT 環境との関係を指摘しておきたい。従来のコンピュータ室から教室でのタブレット PC 活用、やがては 1 人 1 台環境へと、想定する ICT 環境は変わりつつある。ICT を使用しない図書による情報収集や壁新聞にまとめる情報活用も含まれるとはいえ、子どもたちの道具としてコンピュータやタブレット PC を使用できることで情報活用の幅は飛躍的に広がる。結果として、学校現場で育成できる情報活用能力の幅は、その学校の ICT 環境に左右される。ICT 環境の地域格差が拡大している現状では、情報活用能力の共通基盤を共通化することは難しい。

　最後に、評価の問題について触れる。資質・能力の一つとして情報活用能力を育成する重要性が広く認知されたとしても、育成できたという「手応え」を、何をもって教師や子どもたちが実感するのかという点である。文部科学省 (2015) で公表された「情報活用能力調査」は初めての全国的な調査として注目された。ただし、対象は小学校 5 年生と中学校 2 年生の 2 学年に限られていたため、単一校種内で発達段階を検証することはできていない。また、実施方法は CBT (Computer Based Testing) と呼ばれるコンピュータ上で実施された評価であり、1 人 1 台環境に遠い多くの学校現場では実施することが難しく、問題の公表も一部に留まっている。「学習の基盤となる資質・能力」として重要視していくのであれば、その評価についても学校現場で運用可能な方法を提供していく必要があるだろう。

注

1　Computational Thinking：計算論的思考。現実の問題をコンピュータで解決できる形式に変換する、論理的にデータを分析・整理する、モデル化やシミュレーションができるようにデータを扱う、問題解決の処理手順をアルゴリズム的に構築する力などが含まれる。

参考文献
稲垣忠 (2016)「情報活用能力の育成と学びのデザイン」『教育展望』2016 年 10 月号: 17-22, 教育調査研究所
文部省 (1998)「情報化の進展に対応した初等中等教育における情報教育の進展等に関する

　　調査研究協力者会議 最終報告」
文部科学省 (2006)「初等中等教育の情報教育に係る学習活動の具体的展開について」
文部科学省 (2008)「小学校学習指導要領解説 総合的な学習の時間編」
文部科学省 (2015)「情報活用能力調査　小・中学校 (概要版)」
文部科学省 (2017)「小学校学習指導要領」
ISTE (1998) "Technology Foundation Standards for students" https://www. iste.org/docs/
　　pdfs/nets_for_students_1998_standards.pdf (参照日：2017.8.3)
ISTE (2007) "ISTE standards for students 2007" http://www.iste.org/standards/standards/
　　standards-for-students (参照日：2017.8.3)
ISTE (2016) "ISTE standards for students 2016" https://www.iste.org/standards/ standards/
　　for-students-2016 (参照日：2017.8.3)

さらに勉強したい人のための文献案内

(1)　赤木かん子・塩谷京子 (2007 年)『しらべる力をそだてる授業 !』ポプラ社
　　学校図書館を中心とした「調べ学習」の実際を紹介。情報活用能力の中でも本章で示し
　　た「探究スキル」を身につけるとはどういうことか、どんな言葉がけ・指導が重要なのか、
　　授業ライブ形式で取り上げている。

(2)　稲垣忠・中橋雄編 (2017 年)『教育工学選書　情報教育・情報モラル教育』ミネルヴァ
　　書房
　　情報活用能力の育成に関する研究動向をまとめた一冊。本章で取り上げた 3 観点ごとの
　　動向の他、評価、カリキュラム、近接領域であるメディア・リテラシーとの関係、教材・
　　システム開発、教師教育まで幅広く知見を整理している。

第 9 章　1 人 1 台タブレット PC を活用する学習環境

中橋 雄

1　はじめに

　21 世紀にふさわしい学びの環境とそれに基づく学びの姿とはどのような
ものか問われた場合、正解は一つに決まるものではない。さまざまな研究の
知見、人々の価値観、テクノロジーの進化、政治や経済の状況などを踏まえ
つつ議論を重ね、最善と思われる方針を決めていく必要がある。本章では、
こうした議論を行う上で知っておくべきことの一つとして、学習者が 1 人 1
台のタブレット PC を所有して学習を行う学習環境デザインのあり方につい
て検討する。

　2011 年に文部科学省が公開した『教育の情報化ビジョン』には、**図 9-1** に
示したように近未来の教室環境とそこで行われる学びの姿が例示されている
（文部科学省 2011）。そこには、学習者 1 人 1 台のタブレット PC、電子黒板、
実物投影機などが連動した教室環境において、「一斉学習」「個別学習」「協働
学習」を行う学びの姿が描かれている。また、2013 年（平成 25 年）6 月 14 日
に閣議決定された第 2 期教育振興基本計画では、「教育用コンピュータ 1 台
当たりの児童生徒数 3.6 人、教材整備指針に基づく電子黒板・実物投影機の
整備、超高速インターネット接続率及び無線 LAN 整備率 100%、校務用コ
ンピュータ教員 1 人 1 台の整備を目指す」といった数値目標が示された。こ
のうち、「教育用コンピュータ 1 台当たりの児童生徒数 3.6 人」という数値に
ついては、「各学校に、①コンピュータ教室 40 台、②各普通教室 1 台、特別
教室 6 台、③設置場所を限定しない可動式コンピュータ 40 台を整備するこ
とを目標として算出」されたということである（文部科学省 2013）。

　こうした目標は設定されたものの、2017 年現在、学習者が 1 人 1 台タブレット PC を普通教室で活用できる学習環境が、すべての学校で整っているとは言い難い状況にある。しかし、今後、「設置場所を限定しない可動式コンピュータ 40 台」としてタブレット PC が導入された場合、普通教室で学習者 1 人 1 台タブレット PC を活用する授業実践を行うことは可能となる。それだけに、まだ整備が済んでいない学校の教師や、教師になることを目指している人も、普通教室 1 人 1 台タブレット PC 環境で行う授業実践のあり方について考えておくことが重要である。

　以下では、学習者 1 人 1 台タブレット PC が整備されることによって広がる学習場面の可能性と課題について触れた上で、学習環境を活かすための授業デザインと教授方略のあり方について検討する。そして、学習者 1 人 1 台タブレット PC を整備することによって生じる「学級文化」に着目して教育のあり方を考えることの重要性について指摘する。

図 9-1　『教育の情報化ビジョン』で示されたイメージ

（文部科学省 2011）

2　学習者 1 人 1 台タブレット PC の可能性と課題

学習者 1 人 1 台タブレット PC を導入することで、どのような学習活動が可能となるのだろうか。また、検討すべき課題にはどのようなことがあるのだろうか。文部科学省『学びのイノベーション事業　実証研究報告書』では、「一斉学習」「個別学習」「協働学習」ごとに、以下に示すような学習場面に分類して ICT を活用した実践事例が示されている（文部科学省 2014）。

- 一斉学習
  - A1　教員による教材の提示：電子黒板等を用いた分かりやすい課題の提示
- 個別学習
  - B1　個に応じる学習：一人ひとりの習熟の程度などに応じた学習
  - B2　調査活動：インターネット等による調査
  - B3　思考を深める学習：シミュレーション等を用いた考えを深める学習
  - B4　表現・制作：マルチメディアによる表現・制作
  - B5　家庭学習：タブレット PC 等の持ち帰りによる家庭学習
- 協働学習
  - C1　発表や話合い：考えや作品を提示・交換しての発表や話合い
  - C2　協働での意見整理：複数の意見や考えを議論して整理
  - C3　協働制作：グループでの分担や協力による作品の制作
  - C4　学校の壁を越えた学習：遠隔地の学校等との交流

以下では、「一斉学習」「個別学習」「協働学習」ごとに、学習者 1 人 1 台タブレット PC を導入することの可能性と課題について検討する。

⑴　一斉学習

一斉学習の場面において ICT 環境が整備されていれば、視聴覚に訴えか

ける資料を提示することができ、説明をわかりやすいものにすることができる。また、学習者の考えが書き込まれたタブレット PC の画面を一覧表示にして確認することができる（**図 9-2**）。書き込まれた内容を教材として大画面提示装置に転送することで、授業の質を高めることもできる。学習者の理解が十分でない点を発見して補足説明できることや、学級全体の学習に役立つ意見をもった学習者を指名できることに加え、学習者の思考プロセスを大画面に提示しながら説明できることなどの利点がある。

　一方、視覚的に示すことで、教師としては「わからせたつもり」、学習者としては「わかったつもり」になってしまうことや、書き込ませたものが他者の学習に役立つようなものになるためには一定程度の指導と経験が必要になることが課題といえる。教師は、その点を理解した上で、学習目標が達成されたかどうか確認することが重要である。

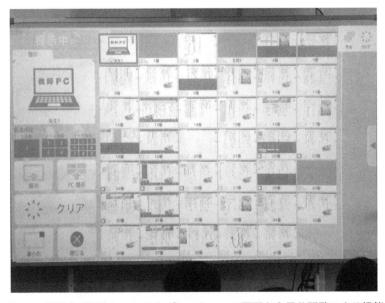

図 9-2　学習者が操作しているタブレット PC の画面を全員分閲覧できる機能

（著者提供）

⑵　個別学習

　個別学習の場面において ICT 環境が整備されていれば、一人ひとりの習熟に応じた学習を行うことができる。自動採点機能や苦手な問題を繰り返し出題する機能をもつドリル教材を用いて、確実な習得を確認しながら次の学習に進むことができる。教師が学習者の学習履歴をネットワーク経由で確認できるアプリケーションであれば、誰が何を習得できていないかわかるため、学級全体に向けて補足説明をしたり、個別に指導を行ったりすることが可能となる。

　また、ドリルのような受動的な学習ではなく、自分の興味関心に従って学習を行う際にも学習者1人1台タブレット PC は活かされる。たとえば、シミュレーションなどのデジタル教材を用いて試行錯誤しながら考えを深める学習、インターネットやデジタル百科事典などでの資料収集、写真や動画などを撮影して分析するなど、学習課題に関する調査活動に活用することができる（**図 9-3**）。そして、自分の考えをまとめるために、写真、音声、動画など多様な表現形式を統合した資料や作品を制作することもできる。

　タブレット PC を家庭に持ち帰ることができれば、課題に取り組んだり、疑問に思ったことを調べたりすることができる。さらに、自宅で講義のビデオを視聴しておき、授業時間は議論を充実させる「反転学習」を行うことも可能となる。個別学習における1人1台タブレット PC 環境は、学習者が学びたいと思った時に、いつでもどこでも何度でも学ぶことを支援してくれる利点がある。

　一方、ドリル学習で学ぶことができる内容は限られたものであることや、文脈がないところで反復学習をしても課題解決に活かされないことが指摘されている。また、興味関心に従った学習だけでは、体系的な知識を獲得することができないという課題もある。学校教育におけるカリキュラムに、タブレット PC を活用した授業を、どのように位置づけていくか検討することが必要となる。

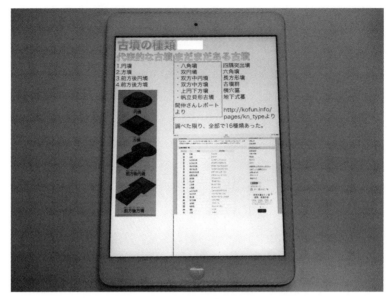

図 9-3　インターネットで調べた情報を引用した学習者のレポート

（著者提供）

⑶　協働学習

　協働学習の場面において ICT 環境が整備されていれば、タブレット PC で自分の考えを説明するための資料や自分の作品を示すことができる。協働学習を成立させるには考えを相手に伝えることが必要であり、個の表現ツールとして 1 人 1 台タブレット PC 環境を有効活用することができる。また、多様な考えを整理していく学習やグループで共同制作する学習を行う際、個々のタブレット PC にまとめたものをネットワーク経由で統合させることで効率を高めることができる。さらに、タブレット PC は、学校の壁を越えた交流学習を可能にする。テレビ会議、SNS や電子掲示板などでの交流を行う際、1 人 1 台タブレット PC 環境があることによってコミュニケーションの頻度を高めることができる。

　学習者同士が自分たちのタブレット PC に提示した資料を見せながら、自分の意見に関する根拠を他者に説明をするような協働学習の場面において、学習者 1 人 1 台タブレット PC の環境が活かされると考えられる（**図 9-4**）。

タブレット PC は、考えたことを画面に書き込むことで思考の過程を可視化できる。学習者は、他者の考えから自分のものの見方や考え方を広げることができる。そして、他者から学ばれる存在である自分に自信をもつことができる。その結果、授業への参加意欲・学習意欲が高まると期待できる。

　一方、教師が学習者に話し合うよう指示したとしても、学習が深まるような話し合いができるとは限らない。教師は、学習者に思考を可視化する方法や話し合う方法を身につけさせることが重要である。また、話し合いができているか確認するとともに、対話的な学びを活性化させる問いを投げかけるといったような指導方法に磨きをかけることが課題となる。

図 9-4　タブレット PC に資料を示して根拠を説明

(著者提供)

　以上のように、1 人 1 台タブレット PC 環境は、多様な学習活動において活用できる可能性が実証されつつある。一斉学習では、ある学習者のタブレット PC に書き込まれた思考の過程を教材として全員で検討することで授業の質を高めることができる。また、個別学習では個に応じた学習や調査活動に

タブレット PC を活かすことができる。さらに、協働学習では、タブレット PC に資料を提示して他者との相互作用による学びを促進させることができる。その一方、そうした環境が意義のあるものとして機能するためには、めざす学力に応じた授業デザインと教授方略について検討することが重要になる。

3　めざす学力に応じた授業デザインと教授方略

　タブレット PC を導入することによって、学習者の学力が向上すると期待されている。しかし、単にタブレット PC を導入したからといって学力が向上するわけではない。また、「学力」と一口に言っても、何をもって「学力」とするかは、さまざまな立場がある。例えば、体系的な知識や技能を習得しているかどうかで評価される「学力」もあるが、知識や技能を活用して、思考、判断、表現し、課題を解決していくことで評価される「学力」もある。また、自ら問題を発見し、その解決のために知を探究し、新しい知や科学的な法則を発見していくことで評価される「学力」もある。

　普通教室における 1 人 1 台タブレット PC 環境を活用した授業をデザインするにあたり、学習者にどのような学力を育みたいのか問い直すことから始めることが重要である。2017 年（平成 29 年）3 月に公示された学習指導要領の総則には、「一人一人の児童が、自分のよさや可能性を認識するとともに、あらゆる他者を価値のある存在として尊重し、多様な人々と協働しながら様々な社会的変化を乗り越え、豊かな人生を切り拓き、持続可能な社会の創り手となることができるようにする」と記されている（文部科学省 2017）。こうした目標とされる人物像を想定して、「何を学ぶのか」ということだけでなく、「どのように学ぶのか」ということも重視する必要がある。また、教師には「主体的・対話的で深い学びの実現に向けた授業改善」を行うことが求められている。そして、それを支えるものとして ICT の活用にも注目が集まっている。「主体的・対話的で深い学び」を実現させるために、学習者自身が ICT を活用して「調べる、まとめる、伝える」ことを通じた学習ができる

ようになるための教育活動を実践することや、教師が ICT を活用することで学習者の学びを支援できるようにすることが期待される。

　教師は教科・領域の学習目標を達成させるために 1 人 1 台タブレット PC 環境によって可能となる学習場面の組み合わせを意識しながら授業をデザインすることが重要である。たとえば、教師機から学習者のタブレット PC にワークシートを転送して、「学習者がタブレット PC 上でワークシートの空欄を埋める個別学習」を行った後、「グループ内でそのタブレット PC の画面を見せ合いながら学び合う協働学習」を行い、「その思考の記録を教材として電子黒板で全体に提示しながら教師が解説する一斉学習」を行うといった組み合わせが考えられる。

　こうした実践では、タブレット PC があるからといって学習者が上手く自分の考えを言語化して意味のある協働学習を実現できるとは限らない。意義のある協働学習を実現させるために、教師の教授方略が必要になる。教授方略とは、「教授目標を達成するために、どのような学習環境を整え、どのような働きかけをするかについての構成要素と手順の計画」のことである（鈴木 2000）。

　事例として、台形の面積を求める単元での出来事を紹介する。この単元では、公式について習う前に、四角形、三角形、平行四辺形の面積を求める方法を用いて、台形の面積を求める学習が行われる。その考え方を説明する際に、タブレット PC のデジタルコンテンツが活用された。このデジタルコンテンツは、台形をコピーしたり、分割させたり、回転させたり、移動させたりすることができるだけでなく、その操作を再生して提示することができる。このデジタルコンテンツを用い、上底 3cm、下底 9cm、高さ 4cm の台形の面積を求める方法について、学習者が自分の考えを他者に説明する学習活動が行われた。ある学習者は、台形をコピーして回転させ、平行四辺形を作り、その面積を半分にすることで、台形の面積を求める方法を考えついた（**図9-5**）。そして、その説明として、「これをコピーして、回転させて、ひっつけて、12×4÷2 なので答えは 24 です」と表現した。答えは間違っていないが、他者に自分の考え方を伝えるための説明としては不十分である。

図 9-5　デジタルコンテンツを使って他者に考え方を説明する学習者

(著者提供)

　本時の目標から考えて、理想とするのは、既習事項である算数の用語を使い、聞き手が理解できるように、省略せずに順序立てて説明することである。たとえば、「まず、同じかたちの台形を 2 つつなげて平行四辺形を作ります。平行四辺形の面積は、底辺 × 高さで求めることができるため、この平行四辺形の面積は 12 センチメートル ×4 センチメートルで、48 平方センチメートルです。これを 2 で割ることで台形 1 つ分の面積を求めることができます。48÷2 で、24 平方センチメートルがこの台形の面積です」というような説明である。

　このように視覚に訴えかける映像を提示できるタブレット PC だからこそ、学習者が思考を言語化できるようになるための指導が重要になる。たとえば、教師が説明方法のモデルを示すこと、学習者が自分の成長を評価できるよう観点を示すこと、そのような説明ができているか机間指導を行うこと、学習者同士で相互評価させることなど、さまざまな教授方略の可能性を検討していくことが重要であろう（中橋 2016）。

4　ICT 環境整備がもたらす学級文化

　最後に、望ましい学習環境をデザインする上で、学習環境を含む「学級」を、教師と学習者を構成員とする1つの「社会」と捉え、そこで形成される学級文化に目を向ける重要性について指摘しておきたい。学習者1人1台タブレット PC と電子黒板が連動した環境が導入されることによって、学級内ではそれまで見られなかった現象が生じ、特有の文化が形成される。文化は意図せず自然に形成される側面もあるが、その変化に意識を向けることによって、望ましい方向に軌道修正していくことができる (中橋 2015)。

　たとえば、学習者の画面を電子黒板に無線で転送提示できる機能を用いれば、教師は学習者の記述 (可視化された思考) をモニタリングできる。そして、教室全体の学習を活性化させるために、個の考えや相互の違いを電子黒板に提示して学習者に発表させたり、教師が解説を加えたりできる。こうした環境がない時代、自分の解答が不正解だと恥ずかしいと感じ、隣の人や教師に

図 9-6　自分のタブレット PC の画面が常に他者から見られる状況

（著者提供）

ノートを見せないように隠す行為が観察されることがあった。それが常に他者から見られる状況に変化するとどのような文化が形成されるのか（**図 9-6**）。不正解を見られることでストレスを感じる学級文化となるのか。あるいは、不正解であっても考え方は他者の参考になるのだから自己効力感を得られる学級文化となるのだろうか。後者を望むのであれば、学習者に対して相応の説明をすることが教師には求められる。いずれにしても、このような学級文化の形成は、学習者の学習成果にも影響を及ぼすと考えられる。

　カメラ機能のあるタブレット PC が導入されれば、実験・観察の記録、実技に対する内省、考えを表現する活動などに活用できる。しかし、このように想定した用途以外で活用される可能性もある。たとえば、学習者が板書をノートに書き写すのではなく撮影したり、授業を動画で録画したりする状況が生じた時、学習者の学習にどのような影響があるだろうか（**図 9-7**）。初等・中等教育においてはノート指導を重視する文化があったため、これまでの学級文化にはなじまない行為に感じられる。しかし、書き写すことに時間をか

図 9-7　板書を撮影する学習者

（著者提供）

けるよりも、考えたり、議論したりするために多くの時間を使いたい場合、撮影して記録するほうが効率が良いとも考えられる。こうした現象が生じた時、教師は何もしないほうが良いのか、あるいは、ノートに書き写す力の育成を重視して一律撮影を禁止するのか、それともそのこと自体を学習指導の機会と捉え撮影する価値がある資料を見分けさせる目を養う指導を行うのかによって、異なる学級文化が形成され、学習者の学習成果に影響を与えることになると考えられる。

　学習者1人1台タブレット PC 環境においては、授業を聴きつつ、同時並行でインターネットを活用し、授業と関連する多様な学習リソースにアクセスすることができる。また、学習者は、多様なデジタル教材をダウンロードして使うこともできる。そうした教材は、教科書のように体系的に知をまとめたものではない場合もあり、教科書の内容を越えて、学習者の学習を促進させる可能性がある。たとえば、いつでもタブレット PC を使うことができる環境にある学校では、小学校では習うことのない元素記号について学ぶデジタル教材を休み時間に閲覧する学習者の様子を確認することができた（**図9-8**）。こうした状況においては、必要とする情報を検索する方法、信憑性を判断する方法、必要に応じて引用する方法など、インターネットを活用した「学び方」を学習させることが重要となる。その際、学習者が、教師の理解できる範囲を越えた専門的な情報を参照し、教室に持ち込む可能性もある。そこでは、教師と学習者の関係性がこれまでと異なるものになる。教え教わる関係でなく、教師は学習者に寄り添い、ともに学び、学習者の成長を促す存在となる。もちろん、教師は自分の手に負えない情報の閲覧や利用を禁じることもできる。学年ごとに決められた最低限必要な知識を効率良く身につけさせるためには、そのほうが良い場合もある。一方、自分もよく知らないということを学習者に伝えた上で一緒に考え、学ぶこともできる。自ら学び続ける能力を身につけさせるためには、こうした経験が有効であるとも考えられる。正解は一つではない。

　普通教室に学習者1人1台タブレット PC の学習環境が取り入れられることによって学習活動の可能性は大きく広がると同時に、さまざまな現象が生

図9-8　学年の学習範囲を越える「元素記号」を学ぶ教材を使う学習者

(著者提供)

じ、学級文化が形成される。学級文化は教師が方向づけることができる側面もあるが、基本的には教師と学習者の関係性のもとで形成される。どのような文化やルールをつくると良いのか、教師と学習者、学習者同士も対話を重ねていくことが重要である。学級文化は、属する人のライフスタイルや価値観、知の生成プロセスにも影響を及ぼす。このように学級を小さな社会と考えるならば、そこで利用されるメディアの特性を知り、そのあり方を考え行動するためのメディア・リテラシーを育成することも教育的な課題となりうるだろう。

参考文献

鈴木克明 (2000)「教授方略」日本教育工学会編『教育工学事典』実教出版

中橋雄 (2015)「教育メディアの活用と学級文化の形成」『日本教育メディア学会第22回年次大会発表論文集』: 24-25

中橋雄 (2016)「学習者用タブレット端末を活かす教授方略」『学習情報研究』2016年3月号、

　　学習ソフトウェア情報研究センター：20-21

文部科学省 (2011)「教育の情報化ビジョン〜 21 世紀にふさわしい学びと学校の創造を目指
　　して〜」　http://www.mext.go.jp/a_menu/shotou/zyouhou/detail/1387269.htm（参照
　　日：2018.4.1）

文部科学省 (2013)「教育振興基本計画」　http://www.mext.go.jp/a_menu/keikaku/detail/__
　　icsFiles/afieldfile/2013/06/14/1336379_02_1.pdf（参照日：2018.4.1）

文部科学省 (2014)「学びのイノベーション事業実証研究報告書」　http://www.mext.go.jp/
　　b_menu/shingi/chousa/shougai/030/toushin/1346504.htm（参照日：2018.4.1）

文部科学省 (2017)「小学校学習指導要領（平成 29 年 3 月公示）」　http://www.mext.go.jp/a_
　　menu/shotou/new-cs/1384661.htm（参照日：2018.4.1）

さらに勉強したい人のための文献案内

⑴　清水康敬 著・公益財団法人パナソニック教育財団 監修 (2016)『One to One への道〜
　　1 人 1 台タブレット PC 活用の効果測定と教育委員会・学校の挑戦〜』教育同人社
　本書は、公益財団法人パナソニック教育財団の支援を受け、学習者 1 人 1 台タブレット
PC 環境を実験的に整えた学校現場の取り組みについて報告されたものである。実践事
例だけでなく、タブレット PC 活用と学力向上の関係に関する論考も掲載されている。

⑵　D-project 編集委員会編 (2015)『つなぐ・かかわる授業づくり：タブレット端末を活か
　　す実践 52 事例』学研教育出版
　本書は、学習者がタブレット PC を活用して表現する学習活動を行う授業実践事例につ
いて紹介されたものである。紙とは異なるタブレット PC の可能性と限界を踏まえ、ど
のように授業をデザインすればよいのか解説されている。

第 10 章　ゲームを利用した教育とその課題

村川　弘城

1　はじめに

　ゲームは、長い時間をかけて進化を続けている。人類初めてのゲーム、セ
ネトというボードゲームは、紀元前 3500 年前に存在していたといわれてい
る。その 5000 年ほど後の 1970 年代に、マイクロプロセッサが開発・普及
されることにより、PC ゲームやテレビゲームなどのコンピューターゲーム
が誕生した。その後は、より魅力的なゲームを開発するため、推論研究によ
るソフトウェアの発展や画質の向上を目指したハードの開発が進められた。
そして現在、仮想現実 (VR：virtual reality) や人工知能 (AI：artificial intelligence)
の誕生により、ゲームは次の時代へと突入している。

　ゲーム関連のテクノロジーが進化していく一方で、それと並行して、人々
を熱中させるゲームを教育に生かせないかと教師や研究者は考えるように
なった。たとえばゲームであれば、子どもは何度も繰り返すような反復学習
であっても苦なく行うことができる。不足する知識があれば進んで獲得し、
もっている知識を活用しようとすることができる。自らの行動を振り返り知
恵として昇華させ、他人と共有・蓄積を行うことができる。こういったゲー
ムのもつ魅力的な性質を教育へと生かす方法についてこれまで研究が進めら
れてきた。では今後、ゲームに VR や AI の技術を取り入れていった場合、ゲー
ムを利用した教育にどのような変化が起こるのだろうか。

　本章では、これまでのゲームと教育のかかわりについて触れながら、VR
や AI の技術を取り入れたゲームを利用した教育について検討を行う。

2　注目を集めているゲームの性質

本節では、ゲームの性質とゲームに対する世界的な取り組みを時系列で示し、ゲームの性質に対する注目の変化について説明する。

ゲームにはカードゲームやボードゲームといったアナログゲームと、テレビゲームや携帯ゲーム、コンピューターゲームといったデジタルゲームがある。本書のタイトルが「主体的・対話的で深い学びの環境と ICT」のため、デジタルゲームのみを対象とすることが適しているが、ゲームに関する研究の大半は、アナログゲームの内容を含んでいることが多い。そこで、デジタルゲームとアナログゲームを区別していない場合にはゲームと表記し、区別する必要がある場合には、それぞれデジタルゲーム、アナログゲームと表記する。

(1)　ゲームの性質

ゲームの性質や定義についてされてきた議論[1]をまとめると、すべてのゲームに共通する 4 つの性質として、①ゴール、②ルール、③フィードバックシステム、④自発的な参加がある (Jane McGonigal 2011=2011: 39)。まず①ゴールは、ゲームの利用者が達成すべき具体的な成果のことである。これによりゲームの利用者に目的意識を与え、注意を引きつけ、ゲームへの参加を促し続けることができる。次に②ルールは、ゲームの利用者がゴールに達する上での制約のことである。すぐにゴールに達することのできる方法を奪うか、制限を掛けることで、ゲームの利用者は新たな方法を模索し、思考を促すことができる。そして③フィードバックシステムは、ゲームの利用者がゴールにどの程度近づいているのかを示すものである。得点、レベル、合計点、進捗表示バーなどの形で示され、ゴール到達への気持ちを保つことができる。最後の④自発的な参加は、ゲームの利用者の誰もが、これらのゴール、ルール、フィードバックシステムを理解した上で、進んで受け入れることである。これにより共にプレイする複数の人々に共通認識をもたせ、ストレスが多くて難しい課題でも安全で楽しめる活動として経験することができる。

これまで、教育現場を含む社会の中でこのようなゲームの性質を生かそうという取り組みが進められてきた。

⑵ 世界的な取り組み

1970年後半に作られたエデュテインメントという言葉から、ゲームを社会の中で活かそうとする取り組みが始まったといわれている。エデュテインメントは、エデュケーションとエンターテインメントとを組み合わせて作られた言葉で、「文字通りにエンターテインメントの発想や方法を取り入れて、教育の楽しさを高めようという考え方である」（藤本 2007: 27）。つまり、自発的な参加に関するゲームの性質を利用したものである。

2000年には、ゲームの1つのジャンルを表す、シリアスゲームという言葉が生まれた。シリアスゲームは、「教育を初めとする社会の諸領域の問題解決のために利用されるデジタルゲーム」（藤本 2007: 19）のことである。たとえば、戦争の解決を目指すゲームとして藤本は、メイキングヒストリー（Making History）を紹介している。メイキングヒストリーは、第二次世界大戦を舞台とした戦略シミュレーションゲームであり、高校の歴史の授業で利用するために開発された。第二次世界大戦に参加した国の中から一国を選び、戦争回避、国際協調、国内経済の安定化などをゲームの中で体験できる。これは、戦争時におけるさまざまな要因の関係性を把握して意思決定を行う、という複雑な課題に取り組むことを体験するゲームといえる。

2010年頃になるとゲーミフィケーションという言葉が生まれた。ゲーミフィケーションは、「ゲームの要素をゲーム以外のものに使う」（井上 2012: 36）ことである。井上はゲーミフィケーションについて、Nike+ を例にして説明している。Nike+ は、スマートフォンやパソコンなどと連動した万歩計である。普通の万歩計と異なり、アクティビティの結果を記録し、他の利用者と比較できたり、感想を Facebook などに投稿したりすることができる。つまり、ゲームのもつフィードバックシステムの性質を生かし、歩くこと自体に楽しみを見出せる仕掛けがある。

このように、1970年後半のエデュテインメントでは、ゲーム利用者への

自発的な参加にのみ着目していた。しかし 2000 年以降は、教育を含む社会のさまざまな場面の中で、ゲームのもつ性質を最大限活かしたものが求められている。

3　ゲームを利用した授業実践

　エデュテインメントで注目されたように、ゲームは子どもに対する動機づけが不要である場合が多い。そのため、反復練習をさせたり、知識を教えたりする使い方もゲームの利用方法である。しかしこれらの利用方法は、計算ドリルや教師の代替に過ぎず、前節で示したような、近年注目されているゲームの利用方法と異なる。近年では、現実社会をゲームに取り入れたシリアスゲームや、ゲームの要素を現実社会に取り入れるゲーミフィケーションなど、現実社会との関係を意識することが注目されている。そこで本節では、現実社会などを擬似体験するようなゲームを利用した教育と、関連の研究に絞って説明する。

(1)　擬似体験型ゲームによる授業実践

　擬似体験型のゲームを利用した授業として、小松ほか (2011) が開発した中学校技術科の環境問題に関する実践を例にとる。小松らは、技術科の授業時間数が限られており、大掛かりになる体験的な実践が難しいことから、ゲームを利用した授業実践を提案している。このゲームは、Schank Roger C. (1992) によって提唱されたゴールベースドシナリオ理論 (GBS 理論：Goal-Based Scenario Theory) を元に開発を行っている。

　GBS 理論は、事例ベース推論[2]の手法に基づいて考えられており、失敗することによって学ぶ経験を擬似的に与えるための、物語の構築方法に関する理論である。GBS 理論は、「学習目標」「使命」「カバーストーリー」「役割」「シナリオ操作」「情報源」「フィードバック」の 7 つの構成要素からなり、シナリオ型教材を設計するために、7 つの要素すべてが必要である (根本・鈴木 2005)。小松らの実践では、GBS 理論を元に、環境配慮行動をすることで進

化する卵を育成するゲームを開発している。GBS 理論に当てはめた内容は、**表 10-1** の通りである。

　この実践の中で、エコ家電に変えれば環境に良いということを盲目的に考えていた子どもが、製造段階での CO2 の排出などを意識的に考えるようになったことなどが示されている。これは、複数の製品の「値段」「消費電力」「寿命」「製造段階での CO2」を情報として与え、どの製品を使うべきかを考えさせることで獲得した知識である。

⑵　試行錯誤して新たな知識を獲得する

　このようにゲームは、試行錯誤することで、新たな知識を獲得することがある。たとえば、算数用のカードゲーム「マスピード」を開発し、マスピードに勝つために子ども達が試行錯誤する点に注目した研究（村川 2016）を例に説明する。マスピードのカードには、1 から 20 までの数字が書かれている。マスピードは、このようなカードを手札とし、手札の 2 枚以上の数と四則演算を駆使して場札に書かれた数を作るゲームである。**図 10-1** は、マスピードを一人で行う場合の基本的な配置図である。

　ここでは、「6、2、3、1、7」が手札であり、この手札を 2 枚以上と四則演算を使い、「4, 5」の場札のいずれか一方の数を作ることになる。たとえば、「6」「-（引く）」「2」で「4」を作ることができる。利用者は、一度に多くの手札を出すことと、相手よりも早く出すことを目指す。研究では、子ども達が試行錯誤し、その結果考え出した方略を仲間で共有したり、強い人にそれを聞いたりすることで数の性質に気づき、結果的に数理知識の活用力が高まっていくことが明らかにされている（村川 2016）。

　このように試行錯誤して考えられた方略は、同じゲームを利用する人たちの中で共有され、蓄積されていく。この蓄積されていく空間は、関心空間（Affinity space: James Paul Gee 2004）と呼ばれている。関心空間は、実践コミュニティ（Communities of Practice: Wenger *et al.* 2002 = 2012 が提唱）[3] の考えを拡張したものである。実践コミュニティがコミュニティ内のある程度決められたメンバーによる相互作用に焦点を当てているのに対し、関心空間は、イン

表 10-1　GBS 要素と「環境配慮行動の選択」の事例の対応

要素		事例「環境配慮行動の選択」
シナリオ文脈	使命	・ゲーム的要素を意識させるように、環境に関する行動をすると進化をする「かんたま」を設定する。その「かんたま」を進化させるために、環境に対する選択肢について適切に判断し、「かんたま」を進化させていくことを使命とする。
	カバーストーリー	・遊びに出かけた主人公が「かんたま」を拾うことから話が始まる。環境にいい判断をするという動機づけも担う。
	役割	・生徒が自分と重ねられるように、母親の留守を任された中学生とする。
学習目標		・LCA やトレードオフの考え方を理解し、環境に関わる行動のメリットとデメリットを考えて行動を選択できる。
シナリオ操作		・母親に任せられた手伝いや留守中に発生する出来事の選択肢について、選択していく。環境に良いだけでは、自分の快適さもなくなるので、バランスを考えた選択をできるように配慮している。 ・「かんたま」が進化してゴールになった時には、再度、最初から繰り返すこともできるようにする。
シナリオ構成	フィードバック	・選択した行動に応じた CO2 の排出量を表示する。 ・選択した行動に応じた主人公の快適度も合わせて表示する。 ・選択結果の蓄積に応じて、異なった形で「かんたま」が進化する。この結果から、自分の選択傾向を知ることができる。
	情報源	・各選択肢の提示の際に、「かんたま」に聞くことで、CO2 の排出量や用語の解説等の情報を得ることができる。

（小松ほか 2011：3 から抜粋）

図 10-1　マスピードの配置図

（村川 2016: 54 より一部抜粋）

ターネット上の曖昧なメンバーが作り出す相互作用に焦点を当てている。つまり、ゲームという共通の関心媒体があることで、教室内に留まらず、学年を超え、学校を超え、国を超えて新たな方略を生み出し、共有し、蓄積することができることを示している。

4　VR や AI の技術を取り入れたゲームを生かした教育

　前節で、ゲームを利用した実践に対し、それに関する諸研究を元に説明を行った。しかし前節のような体験型のゲームは、新しいハードウェアが開発されたり、ゲーム機の性能が高まり、プログラムがより高度なものとなることでより現実的な体験をしたりすることができるようになる。文部科学省（2017）は、体験活動を行う上で配慮すべき点として、「年間を見通した適切な時数の範囲で行われる体験活動であること」「安全に対して、十分に配慮した体験活動であること」の2点を示している。このため、時間的、設定的、危険度的に無理な体験をさせることは実質的に不可能である。しかし、VRや AI の技術を取り入れた擬似型ゲームによる疑似体験であれば、可能である。そこで本節では、VR や AI の技術を取り入れた疑似体験型ゲームについて紹介し、それを教育に当てはめることで可能となる体験学習について説明する。

(1)　VR を生かした授業実践

　まず、新しいハードウェアとして近年注目を集めている VR と教育での活用について紹介する。VR は、現実にはない環境を視覚や聴覚を利用して再現する装置のことであり、ゲームの世界での発展が見込まれている技術の一つである。この技術により、より現実に近い目線から物事を体験することができるようになった。たとえば、学生が企画・制作したインタラクティブ作品の新規性・技術的チャレンジ・体験のインパクトを競うコンテストである、国際学生対抗バーチャルリアリティコンテスト（IVRC：International collegiate Virtual Reality Contest）の中でも、体験型のゲームが数多く出品されている。

加藤ほか(2014)が開発し、2014 年の IVRC で特別賞を受賞した「渡る世間は
綱渡り」は、高所での綱渡りを体験することができる作品である。実際には、
図 10-2 のように、地面に固定された綱の上を、縄のたわみを感じる靴デバ
イスで歩き、傾きを感じることのできる棒デバイスを持ち、それらのデバイ
スと対応しているヘッドマウントディスプレイをつけて歩かせている。

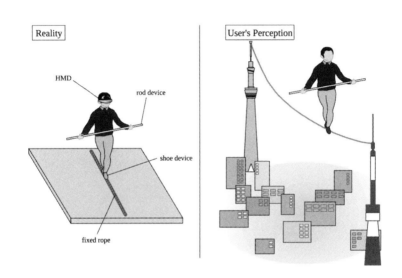

図 10-2　システム概念

(加藤ら 2014: 1)

　この作品を拡張すれば、映像を変えてエッフェル塔(高さ 324m) と東京タ
ワー(高さ 333m) を横に並べて渡ったり、傾きが変わるようにして東京タワー
と東京スカイツリー(高さ 634m) を横に並べて渡ったりすることも可能であ
る。高さが異なるものを並べる場合、その並べる距離と傾きの関係を感じる
ことが可能である。つまり、高さが変わらなかったとしても、その距離が遠
くなれば傾きが少なくなり、距離が変わらなかったとしても、高い方がより
高くなれば傾きが大きくなるといったことを体感することができる。このよ
うに、危険な行為であったり、用意できない状況であったり、存在しない環
境のものであっても、VR の世界で体験することが可能である。

⑵　AI を取り入れたゲームと教育実践

　次に、ゲーム機の性能が高まり、プログラムがより高度なものになってい
くとともにその注目が高まった、AI を取り入れたゲームを生かした教育に
ついて紹介する。AI は、コンピューターに人間と同様、もしくはそれ以上
の知能を実現させようとする試みであり、同時にその技術を表す言葉である。
2017 年 4 月に将棋の現役名人が初めて将棋ソフトに負けたが、このことは、
コンピューターの性能が高まり、プログラムがより高度なものになっていく
とともに知能を高めていった AI によるゲーム参入の典型といえる。このよ
うな AI 技術の対象は人間の思考過程だけでなく、さまざまな生物の思考過
程も対象とされ、ゲームに利用されている。それまではゲーム機の性能が低
く、それぞれの生物が異なる性質や思考を経て自由に動き回ることは難し
かった。そのためそれらの生物には、いくつかの動きのパターンが与えられ
ていただけであり、それぞれの生物は独立しており、複雑な相互関係ほとん
ど見られなかった。ゲームの利用者は、生物のそのパターンを発見し、その
パターンに対応する動きを考えていた。しかし、生物の自然な行動を AI 技
術によって行わせることが可能になったことにより、生物の動きのパターン
が煩雑になり、生物間のかかわりも生まれた。結果として、動きのパターン
を見つけることは難しくなり、狩りを効果的に行うためにそれ以外のこと、
生物間のかかわりに目を向ける必要が出てきた。たとえば、アブラムシの被
害に対してテントウムシを利用するように、イタチ科に属する小動物のフェ
レットにうさぎを捕獲させるように、ある生物の天敵となるような別の生物
を連れていって狩りを優位に進めることが求められるようになる。つまり、
生物のパターン化された動きを見極めることから、生態ピラミッドや天敵と
いった生物の生態を見極める必要が出てくるようになったのである。「天敵
をめぐる、いわゆる『食うものと食われるものの関係』を明らかにすることが、
近代生態学の主要問題の一つ」（桐谷・志賀 1990: 2）とされていることからも、
ジャングル内の生態系を発見させる体験が可能となるゲームには、教育的に
価値があるといえる。

⑶　VR や AI を取り入れたゲームを生かした教育の課題と展望

　これまで、VR や AI を取り入れたゲームを生かした教育のメリットについて説明したが、課題が多く存在する。擬似体験型のゲームは、実際に体験しているわけではないため、現実との齟齬が生じることを理解しておかなければならない。たとえば、ゲームの世界で危険な挑戦を繰り返し実行できるというメリットがある一方で、ゲームの世界で獲得した技術をそのまま現実の世界に適用できない可能性がある。具体的に、不規則に起こる風といった外的な要因の他にも、失敗することで死に至る可能性があることを感じながら行うといった内的な要因などにより、ゲームの中で確実に綱渡りができるようになったとしても、現実の世界で成功することができるとは限らない。また、子ども達に発見させたい生き物の性質を意図的に見せることができるというメリットがあると同時に、それらは全て教師やゲーム開発者が見せようとして見せたものであり、生態学者などが発見したものの追体験でしかないといったデメリットがある。このように、技術力が進んで現実に限りなく近づいたとしても、仮想空間と現実の区別が子ども達の中でできている、もしくは教師が仮想空間と現実の区別ができない子どもがいることを踏まえた利用の方法を考慮しなければならないのである。

　他にたとえば、ゲームがあくまでも教材の一つに過ぎないということを、少なくとも教師は常に意識しておかなければならない。ゲームを利用することで、教師が意図するさまざまな体験を子ども達にさせることができるが、その結果教師が不必要となるわけではない。体験する上で気づいたり考えたりすることは、その子どもによって異なる。そのため、さまざまな体験をしても学びとして何も残っていないことが起こりうる。

　そのため我々は、今後ゲームによる擬似体験を効果的に学びにつなげるための研究・実践を進めていく必要がある。

注

1　Jane McGonigal は、それまでのゲームの定義や性質に関する研究を比較検討する過程を示すことなくゲームの性質を示している。その根底には、Salen Katie と Eric Zimmerman のさまざまなゲームに関する定義の比較がある。Salen Katie と Eric Zimmerman は、ゲームと遊びという 2 つの言葉の関係が複雑であることから、Roger Caillois や Johan Huizinga らが記した遊びの定義と、Bernard Suits の「ゲームで遊ぶ」ことなど、8 つの遊び・ゲームに関連する定義を比較している。結果、「ゲームとは、プレイヤーがルールで決められた人工的な対立に参加するシステムであり、そこから定量化できる結果が生じる」(2003=2011：161) と定義している。

2　過去に解いたことのある類似問題で使った解法を元に類推して問題を解く推論の手法、またはその思考過程のことである。たとえば、一度魚のアジを捌いた人が、タイを捌くときに、アジを捌いた時の工程を思い出して同じようにしようとすることが当てはまる。これを意思決定理論に拡張したものが事例ベース意思決定理論となり、人工知能の研究にも繋がっていく。

3　あるテーマに関する関心や問題、熱意などを共有し、その分野における知識や技能を、持続的な相互作用を通じて深めていく人々の集団のことである。これはもともと、組織力向上のために知的情報を活用する経営手法、ナレッジ・マネジメントの 1 つのコンセプトである。

参考文献

井上明人 (2012)『ゲーミフィケーション　〜＜ゲーム＞がビジネスを変える〜』NHK 出版

加藤高浩，上西健太，川口純輝，古澤大樹，井手口裕太，2014,『IVRC2014 出展企画案「渡る世間は綱渡り」』, http://ivrc.net/2017/wp-content/uploads/2017/04/2014_plan.pdf（参照日：2017.7.23）

桐谷圭治，志賀正和編 (1990)『天敵の生態学』東海大学出版会

小松裕貴・村松浩幸・今村貴之 (2011)「GBS 理論に基づいた中学校技術科におけるシナリオ型環境ゲーム教材の開発」『信州大学教育学部研究論集』第 4 号：1-13

根本淳子・鈴木克明 (2005)「ゴールベースシナリオ (GBS) 理論の適応度チェックリストの開発」『日本教育工学会論文誌』29 (3)：309-318

藤本徹 (2007)『シリアスゲーム　教育・社会に役立つデジタルゲーム』東京電機大学出版局

村川弘城 (2016)『算数教育におけるゲーム教材の教育効果の検証〜ゲーム型教材「マスピード」を利用した授業実践から〜』博士論文, 関西大学

文部科学省 (2017)「学習指導要領解説総合的な学習の時間編」http://www.mext.go.jp/component/a_menu/education/micro_detail/__icsFiles/afieldfile/2017/06/27/1387017_14_1.pdf　（参照日：2017.7.23）

Gee, J., P. (2004) *Semiotic social spaces and affinity spaces: from The Age of Mythology to today's schools*, Madison,University of Wisconsin: 214-232

Katie, S., Zimmerman, E. (2004) RULES OF PLAY, Massachusetts：Massachusetts Institute of Technology.=2011, 山本貴光訳,『ルールズ・オブ・プレイ上〜ゲームデザインの基礎〜』ソフトバンククリエイティブ株式会社

McGonigal, J. (2011) *REALITY IS BROKEN: Why Games Make Us Better and How Then Can Change the World*, Michigan：Brilliance Audio.= 妹尾堅一朗監修、藤本徹・藤井清美訳, 2011,『幸せな未来は「ゲーム」が創る』早川書房

Schank, R. C. (1992) "Goal-based scenarios", Northwestern University, Evanston. Technical Report Retrieved April 21, 2011, http://cogprints.org/624/1/V11ANSEK.html （参照日：2017.7.23）

Wenger, E., McDermott, R., Snyder, W., M.（2002）*Cultivating Communities of Practice*, Boston: Harvard Business School Press.= 野村恭彦監修、櫻井祐子訳 2012,『コミュニティ・オブ・プラクティス〜ナレッジ社会の新たな知識形態の実践〜』翔泳社

さらに勉強したい人のための文献案内

(1)　藤本徹・森田裕介編『日本教育工学会 第 2 期 第 3 巻 ゲームと教育・学習』日本教育工学会

ゲーミフィケーションやシリアスゲームに関する理論、ゲーム教材の開発の方法、教育への導入の方法などを教育工学的に示した本である。本書でほとんど触れなかったアナログゲームの教育への適用も勉強することができる。

(2)　ジェイン・マクゴニガル著、妹尾堅一郎監修『幸せな未来は「ゲーム」が創る』早川書房

ゲームで社会的な問題が解決可能であることを示した本である。著者の TEDTalk でのプレゼンによって、社会の諸問題に対してゲームを生かす流れが加速したと言っても過言ではないため、ゲームに関する研究をする場合に押さえておきたい本である。

第 11 章　ものづくりワークショップと ICT

亀井 美穂子

1　はじめに

　子どもたちは、幼い頃から ICT が身近にあり、インターネットにつながっているのが当たり前の環境で生活している。しかしこの環境が十分に学びに活かされているとは言い難い。学校で学んだことを活かしつつ、学校の外でも、また生涯にわたって、社会とかかわり、より良い人生を送っていく、そのための能力の育成は、学校だけの課題ではなく、社会全体で取り組む必要がある。そして今ではさまざまな立場の人が、ICT を取り入れて作品を作ったり表現したりするものづくりワークショップを実施し、多くの子どもたちが熱心に参加している。

　本章では、「ワークショップ」と「つくること」そして ICT との関係性を捉えながら、近年の ICT を取り入れたものづくりワークショップについて、その可能性と課題を検討する。

2　ワークショップとその学び

　子どもたちの学びの機会を整備しようと、これまでにも美術館や博物館、児童館などの社会教育施設や NPO 団体などによって、子どもが自主的に参加できる場やワークショップが提供されてきた。さらに近年では、ICT の普及や進展に呼応した形で、映像制作やプログラミング、3D プリンティングや電子工作など、身近な ICT や新しいテクノロジーを取り入れたものづくりのワークショップが各地で開催されている。ワークショップ（Workshop）は、

もともと「仕事場」や「作業場」「工房」など、ものづくりの場を示す言葉であったが、現在では「講義など一方的な知識伝達のスタイルではなく、参加者が自ら参加・体験して協同で何かを学びあったり作り出したりする学びと創造のスタイル」（中野 2001）といった定義が広く紹介されている。「知識」は一方的に伝達されるのではなく、社会的関係性の中で、参加する人やモノなどの相互作用、協同によって構成されるという考え方は、社会構成主義の考えに基づくものである。

　学校教育でも、ワークショップという言葉は 1920 年代に既に登場している。木下（1923）は「教室を学習者の workshop としたい」とし、自律的な学習を促す学習の場としてワークショップを原語で用い、その必要性を説いている。さらに、アメリカでジョン・デューイらが提唱した進歩主義教育の教員研修で、「具体性」「自主性」「協同性」を特徴とするワークショップが、第二次世界大戦後の 1947 年に「教員養成のための研究集会」で日本に導入される（大照 1950）。その後言葉の定着は見られなかったが、今日の教室を見ると、グループでの学習や話し合いや学びあい、図画工作や美術などでの協同作品づくり、教師の授業検討会の中でも、ワークショップに通ずる活動を確認することができる。

　しかし学校教育で子どもが主体的に行う参加体験型の授業とワークショップとでは、互いに似ているところはあるものの、質的な相違点が存在する。ワークショップは、それぞれの領域によって定義や歴史が異なるため一概には言えないが、知識や技術、資格などの習得を目的としていないし、実施者（教師）が参加者（学習者）を評価するのではなく、学習者自身が学習を振り返る「省察」や「リフレクション」を重視している。また、指導・評価する教師の代わりに「ファシリテータ」と呼ばれる人が学習者の参加や議論を促すことが多い。学習者が主体的に対話的になり、また振り返ることで学びを深めていくという点で、アクティブ・ラーニングに密接に結びつく学びの方法であるといえる。ではこのような特徴をもつワークショップの中で、ICT はどのように取り入れられているのだろうか。

3　ワークショップの中の ICT

　PC、プロジェクタ、デジタルカメラはワークショップの中でも比較的よ
く利用される ICT である。さらにインターネットの登場により、それまで
ワークショップではリアルな場での他者との相互作用に限定されていたのに
対し、時間的、地理的制約を超えた相互作用が可能になり、協同での活動の
敷居が低くなった。

　たとえばものづくりや表現のワークショップでは、参加者は最初の段階で
イメージしたものを表現し、次の段階でそれを他者と語り合う（相互作用）中
で、自分が描く学びのイメージ（知識・解釈）がより洗練される（省察）（上田
2014）という活動モデルが提案されている（**図 11-1**）。お互いに表現したもの
を見て語るためには、これまでは同じ場所である必要があったが、インター
ネットを介して地域や国籍に限定されない相互作用が可能になったのであ
る。さらに表現から省察までのプロセスを全てインターネット上で可能にし
たサイトが開発されている。その一つ「Scratch」は、子どもたちが利用可能
なプログラミング環境と呼ばれ、構築した Resnick（2007）による創造の思考
モデル「Creative thinking spiral」（**図 11-2**）では、「imagine」「create」「play」「share」
「reflect」として、それぞれの思考の段階が、外に向かう形で螺旋状に示され
ている。実際のサイトで、子どもたちはゲームやアニメーションなどの作品
を作り、共有し、相互にコメントしあっている。お互い直接会わなくても、
世界中の子どもたちがこのスパイラルに参加し、創造する仕組みが実現され
ているのである。

　このような作品を共有する仕組みを使って、テーマを決めて参加者を募り、
ワークショップを設計することも可能である。宮田ほか（2013）は、エネルギー
や環境など問題に直面しているグローバル社会・環境に主体的にかかわり貢
献する人材育成を目指し、異文化異年齢の協同制作プロジェクトを行う中で、
まず個人で意味のある作品を制作し（Create）、次に異なる場所で作られた作
品をつなげ統合することにより、他者と共有できるよりグローバルな意味を
生み出されるよう促し（Connect）、その新しい意味をさらに多くの他者へ広

げることにより日常に拡張していくよう (Open)、活動をデザインしている。
　この実践の中では、日本の複数の大学の学生が、アメリカの小学生と交流
をしながら、日本での日常生活を紹介する冊子を制作する。時差があるため
リアルタイムでの交流はなかなか実現しないが、ビデオメッセージやメール
でやりとりをする。メールで「日本人はいつも着物を着ているのか」といっ
た素朴な疑問が寄せられたりする。ある大学生が手描きの冊子をデジタル化
し、Voicethread などの情報共有サービスにアップロードをすると、英語が
得意な他大学の学生が英語で説明を追加したり、アメリカの子どもたちから
コメントやさらに質問が届く。ICT は、ワークショップの特徴の一つである
「協同性」を、より拡張する可能性を示していよう。

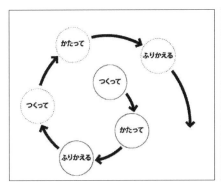

図11-1　つくってかたってふりかえるモデル
（上田 2014）

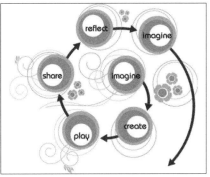

図11-2　Creative thinking spiral
（Resnick 2007）

4　ICT の進化とものづくりによる学び

　近年 ICT は進化し続け、小型マイコンボードや、3D スキャンなど立体物
をデジタルデータに変換する技術、そのデータを立体に印刷する 3D プリン
ターなど、デジタル・ファブリケーションと呼ばれる技術が身近になってい
る (**図 11-3**)。個人レベルで高度なデジタル工作機器を使用した自由なものづ
くりが可能となり、新しい経済や働き方が生まれると期待されている (総務
省 2016:229)。このような ICT を用いたものづくりは子どもたちにとっても、

使える道具と素材、そこから生みだされる表現にも多様性をもたらすと考えられる。

　元来、ものづくりは学びとどのような関係にあると考えられてきたのだろうか。新学習指導要領でも、「つくる」という言葉はさまざまな教科の中で登場する。国語科では「詩や物語をつくる」、算数科では小数点などを使って「数をつくる」、生活科では「遊びや遊びに使う物を工夫してつくる」、音楽科では「音楽をつくる」、図画・工作では「つくったり表したり」など指導が盛り込まれている。美術教育では、「つくる」という行為そのものに、学びが内在していると考えられている。坂井（2004:121）は、美術教育誌に掲載された藤田達人らの論を引用しながら、子どもにとって「つくること」は、「素材との語り合いであり、わが身を使っての身体性の回復である。その中で子どもは夢をふくらませ、自分でつくる楽しみを創造する」、「主体的に考え、自分で判断し想像をふくらませること、持てる諸感覚全てを働かせ、試行錯誤を繰り返しながらものを創造することが自立する力につながり、また、人と助け合いながらものをつくることは、その中で自己を知り、他を理解することにつながる」ことだと紹介している。ものづくりには、「主体性」「協同性」「創造」「試行錯誤」「他者理解」など、ワークショップとの類似点を見ることができよう。

　ICT を取り入れたものづくりでは、コンピュータや 3D プリンターやプラスティック、シリコンなどの印刷素材（フィラメントと呼ぶ）、電子工作であれば、光や湿度、温度、距離などのセンサーも使われる。粘土も鉛筆も、つくりたい、表現したいものを実現するものと考えると、これらもすべて素材や道具と考えることができる。かつてコンピュータ上に現れるカメに指示をして試行錯誤しながら絵を描くことで、子どもたちは教えられるのではなく、自ら幾何の概念を構築することを示した Papart（1993）は、コンピュータも含め、使用可能な素材を用いて有意義な成果物の構築を学習者が経験する活動こそ、もっとも効果的な学習であると考えた。構築主義と呼ばれるこの学習理論は、ICT を用いた「つくることによる学び」を支える理論である（Martinez ほか 2016）。

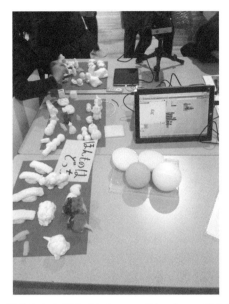

図11-3　子どもたちが作成した 3D プリンターで出力した作品

（著者提供）

　ものづくりは、自分でつくる楽しみを創造できるからこそ、それが動機となって、子どもたちは教えられてではなく、主体的にコンピュータ科学や、物理、化学、芸術などへの学びに向かうことが期待できるのである。

5　ICT によるものづくりワークショップ

　「ロボットワークショップ」や、「プログラミングワークショップ」など、新しいテクノロジーを取り入れたワークショップも全国各地で頻繁に開催されるようになっている。しかし中には、「ワークショップ」とうたっていても、講義形式のものであったり、決められた内容を決められた手順で作ったりといったスタイルも見受けられ、知識やスキルを一方的に伝えるような場面にも出くわす。確かに、新しいテクノロジーを取り入れて制作を行う場合、機器の操作や手順などを含むため、一斉授業のスタイルで教えられることもあるだろう。では、新しいテクノロジーを取り入れたワークショップでは、ど

のような点を大切にしながら実施されているのだろうか。情報処理学会の特集「情報教育とワークショップ」(2017) の中から「ビスケット」と「Scratch」を使ったワークショップを例に探ってみよう。

　ビスケットは 2003 年に開発された子ども向けビジュアルプログラミング言語である。このビスケットを使ったワークショップが全国で開催されている。このシステム開発者である原田・渡辺 (2017) は、ビスケットワークショップでは参加した子どもたちが、プログラミング言語ができるようになるのではなく、それぞれできる範囲でコンピュータを味方にできるようになってほしいと望んでいた。そのため、ワークショップの実施時には、教えなければならないことを極力少なくすることで、子どもたち自らが発見し、教え合いをするようになり、自発的にバラエティに富んだ作品が作られるようになることを目指した。逆に、できあがった作品がどれも同じようなものになると、ワークショップの失敗で、講師の説明や例示が強すぎるためだといえる。

　同様に子ども向けプログラミング環境「Scratch」を使ったワークショップの実践を数多く行っている阿部 (2017) は、現在行われている Scratch を使ったワークショップの多くが、子どもたちの興味や関心は常に変化しているにもかかわらず、あらかじめ定められた目的の達成を目指すものであることに対して異を唱えている。子どもたちはプログラミングならではの特徴を活かして「小さなアイディアから、次のアイディアが生まれることで、一人では思いつかないことも、他の人と話をしたり、実際に試したりするうちに見つかること、それがまた新しいアイディアにつながること」という「アイディアを形にするという経験」を学んでいるのだという。子どもたちは彼らにとって個人的に意味のあるものを組み立てている時のみ、それを知的に行っており、あらかじめゴールを決めた授業やワークショップでは経験しづらいと指摘する。

　両氏は共通して、子どもたちの学びへの介入を最小限にしようとしていること、成果そのものを多様であるとしていること、また子どもが作りたいものに寄り添い、学習環境に働きかけることで、子どもたちが自発的に学びに向かうようにし、技術的な難しさが伴った場合にだけ、支援をしている。

ICT を使ったものづくりが複雑になり難易度が上がるにつれ、技術や知識を伝えたいというジレンマに直面することもあろう。しかし ICT を活用した内容に限らず、子どもたちが主体的に学びを進めるためには、改めて、ものづくりによる学びがどういう性質のものなのか再考し、ワークショップを企画・実践する必要があるだろう。

6　身近な ICT を表現する道具に

　新しい技術を取り入れたワークショップも、家庭では子どもたちが再び挑戦することが叶わないこともある。ICT の中でも特にスマートフォンは、家庭での所有率が高く、子どもたちにとっては身近である。この身近なスマートフォンを、ものづくりや表現の道具として子どもたちが捉え直し、ワークショップが終わった後で、家庭でもつくりたいと思えるテーマを提案することも、ワークショップを企画する際には検討しておきたい。

　筆者が企画したワークショップの中の 1 つに、「なまえでアニメ」と呼んでいるストップモーション・アニメーションのワークショップがある。ストップモーション・アニメーションは、「コマ撮りアニメ」とも呼ばれ、被写体を少しずつ動かして、一コマ一コマ撮影し、映像をつなぐことで、被写体が動いて見えるというアニメーションの手法の一つである。お話しづくりや、映像の特性理解にもつながるとして、学校でも図画工作や国語、総合の時間で実践されている。必要な道具と素材は、スマートフォンと、名前をかたちづくる素材である。紙、粘土、モール、毛糸、ビーズ、ブロック玩具など何でもよい。また、撮影した写真同士を比較できる機能がついている専用のアプリがあるので、事前にインストールしておく。

　実際のワークショップでは、スマートフォンの他、モニタや SNS を組み合わせて実施する。ワークショップの導入では、モニタを使って画面を大きく映し、簡単な作品例や操作を見せ活動のイメージをつかんで構想してもらう。スマートフォン内蔵のカメラを使うため、すぐに確認でき、やり直しが可能だとわかると子どもたちは試行錯誤をしながら作品をつくっていく。制

作中は撮影兼監督と、撮影するものを動かす人とで役割分担をしながらつくっていく。できあがったら順次作品をモニタに大きく映しつつ、こだわりを紹介してもらうと、その作品に刺激を受け、また作り出す子どもも出てくる。「見せたい」と子どもが次々にモニタの周りに集まってくる。いろいろな作品にふれることが、ワークショップの良いところでもあるし、見せたいという意欲は次のものづくりにつながるため、作品の共有は重要な仕掛けである。またスマートフォンがあれば自宅に帰っても作ることができることを伝えると、子どもたちの中には、家庭でアプリを入れてもらうために、アプリ名を控える子どもたちも出てくる。また、作品を動画投稿サイトに限定公開し、リンクを知らせておくと、家庭で保護者と見ることによって、その子どもたちが保護者に説明する。これまでの参加者からは、家庭でもつくったと報告も寄せられている。

　ともするとワークショップは、その場限りの体験で終わるかもしれない。だからこそ、身近なICTを使って、試行錯誤して表現を追求し、もっとつくりたいという気持ちを引き出し、ワークショップ後にも続けて挑戦できるよう、保護者や子どもたちに情報提供をしていくことはワークショップを企画していく上で必要な視点となろう。

7　地域でワークショップを協同で

　子どもたちが日常生活の中で、創造することや、ICTの可能性に目を向けられるような学びの環境を、地域で提供できないだろうか。こう考え、さまざまな領域のワークショップ実践者と協同で「あいちワークショップ・ギャザリング」(ギャザリング)の運営・開催に取り組んでいる。ワークショップは単独で実施されることも多いが、複数のワークショップが集まるイベントも各地で開催され、子どもたちはそこで多様な学びを経験している。ギャザリングでも「子どもとアートとものづくり」をテーマに、地域の社会教育施設やNPO団体、企業、情報工学や幼児教育などを専門とする大学教員や大学生による、造形遊びやプログラミング、電子工作など、アナログからデジ

タルまで多様なワークショップが集まる日を年に 1 回設定し、2014 年から実施している（亀井ほか 2014）。

　多様なワークショップがあることで、普段経験しない分野のワークショップがあることに参加者は気づく。電子工作を目当てに来た参加者も、造形遊びを目当てに来た参加者も、多様な領域を経験し、その中から気に入ったワークショップを見つける。プログラミングに懸命に取り組む子ども、その姿に驚き、興味をもち、挑戦する家族も見られる。はんだごてでやけどをしても、毎年やってくる親子もいる。

　協同で開催することは、子どもたちだけでなく、実践者にも多様な気づきをもたらす。異なる領域のワークショップが集まると、改めてワークショップの多様性が浮き彫りになる。ワークショップをする上で当たり前と考えていたことが、揺さぶられるのである。例えば、制作した作品を参加者が持ち帰るかどうかは、実践者によっても、ワークショップの内容によっても考え方は全く異なる。また対象者も、子どもに限定するワークショップもあれば、子どもから大人まで参加できることを大切にするワークショップもある。特に ICT ワークショップは、経験したことがない異なる領域の実践者には意図が伝わりにくいということもあった。そのため実践者同士の交流会を設け、時間をかけてお互いのワークショップを経験し、話し合う。その中で「お互いを理解し、子どもたちの経験をいかにつないでいくかという役割を一人一人が担っている」ということが話し合われるなど、「コミュニティ形成（仲間づくり）のための他者理解と合意形成のエクササイズ」（苅宿 2017）の場となっている。

　活動を継続する中で、変化が少しずつ起きている。大学生の中から運営の中心的な役割を担ったり、ワークショップに挑戦したりする者が出てきた。子どもたちの経験をいかにつなぐかを考えてきた彼らが、卒業しても毎年運営を手伝いに駆けつけてくれ、地域の中で学びの場づくりを担う実践者やファシリテータが育ちつつある。また、参加者の中から翌年にはワークショップ実践者に加わったり、さらに、岐阜市と瀬戸市の実践者は、ギャザリングの地元での開催を実現させ、子どもたちの学びを支えるコミュニティが広が

る可能性が見えてきた。しかしまだ、子どもたちが日常生活の中で、創造することや、ICT の可能性に目を向けられるような学びの環境づくりは、始まったばかりである。

8　ワークショップ実践にむけて

知識基盤社会の中で、子どもたちが日常的に接している ICT を、学びの道具として捉えることができるようになることは、社会全体で取り組むべき課題である。そしてその取り組みは社会のさまざまなところで始まっている。ワークショップは今や各地で開催され、子どもや親が楽しそうに、そして熱心に参加する姿を見かけるようになった。参加すること、つくることが楽しいと感じられるということは、価値のあることである。それこそが自発的な学びにつながる可能性を秘めているからである。ワークショップや、つくることと学びとが密接に関係しているところを改めて振り返ると、子どもたちだけでなく私たちの主体的な学びとその環境を構築することの重要性が浮き彫りになる。

ICT の普及と進化は、人のコミュニケーションとものづくりの双方で、これまでも私たちの生活に大きなインパクトを与えてきたし、これからも与え続けるだろう。そして今後ますます ICT は、多くの人にとって仕組みのよくわからないブラック・ボックスとなることも予想される。その中で、一人ひとりが、何が課題なのか、どうすれば解決可能なのかを考え、仲間と出会い、実践し、語り合うことが、いっそう重要になってくる。

参考文献

阿部和広 (2017)「情報教育とワークショップ：参加者の主体性に基づく、変化を前提とした Scratch ワークショップの実践」情報処理学会『情報処理』58 (10)：895-897

上田信行 (2014)「ワークショップの活動 (つくって、かたって、ふりかえる) について教えてください」茂木一司編『協同と表現のワークショップ [第 2 版]』東信堂：44-48

大照完 (1950)『教師のワークショップ：参加・計画・指導のために』教育問題調査所

亀井美穂子・宮下十有・宮田義郎・鳥居隆司・加藤良将 (2014)「大学および地域連携による複数ワークショップ協同開催の試み」『第 22 回年次大会研究発表集録』：184-185

苅宿俊文 (2017)「情報教育とワークショップ：1. ワークショップの成り立ちとワークショップの学び」情報処理学会『情報処理』58 (10)：884-887

木下竹次 (1923)『学習原論』目黒出版：175

坂井旭 (2004)「子どもたちのものづくりの意義」『愛知江南短期大学 紀要』33:109-125

総務省 (2016)「平成 28 年度情報通信白書」http://www.soumu.go.jp/johotsusintokei/whitepaper/h28.html (参照日：2017.11.21)

中野民夫 (2001)『ワークショップ—新しい学びと創造の場』岩波新書

原田康徳・渡辺勇士 (2017)「情報教育とワークショップ：ビスケットプログラミングワークショップ—なぜワークショップなのか—」情報処理学会『情報処理』58 (10)：891-893

ビスケット（2017）　http://www.viscuit.com/

宮田義郎・杉浦学・亀井美穂子 (2013)「ワールドミュージアム：志を広げる多文化異年齢コラボレーション」『日本教育工学会論文誌』37 (3)：299-308

Martinez, S. L., Stager, G.（2012）*Invent to Learn - Making, Tinkering, and Engineering in the classroom.* Constructing Modern Knowledege press. ＝阿部和広監修、酒匂寛訳 (2015)『作ることで学ぶ—Maker を育てる新しい教育のメソッド』オライリージャパン

Papart, Seymour.（1993）*Mindstorms: Children, Computers and Powerful Ideas (2nd ed.),* Basic Books. ＝奥村貴世子訳 (1995)『マインドストーム—子供、コンピューター、そして強力なアイデア』未来社

Resnick, Mitchel.（2007）Learning & Leading with Technology, *International Society for Technology in Education,* 2007-08, http://web.media.mit.edu/~mres/papers/Learning-Leading-final.pdf (参照日：2017.11.1)

Scratch（2017）https://scratch.mit.edu/

Voicethread（2017）https://voicethread.com/

さらに勉強したい人のための文献案内

(1)　Martinez, S. L., Stager, G.（2012）*Invent to Learn - Making, Tinkering, and Engineering in the classroom.* Constructing Modern Knowledege press. ＝阿部和広監修、酒匂寛訳 (2015)『作ることで学ぶ—Maker を育てる新しい教育のメソッド』オライリージャパン

　　新しい ICT を使ったものづくりと学びの関係性について、歴史的背景や学習理論を踏まえてわかりやすく解説されている。海外の事例が中心だが、学びを深める学習環境の整備、カリキュラム、子どもへの言葉かけは、教室での実践でも参考になる。

⑵　茂木一司編（2014）『協同と表現のワークショップ［第2版］』東信堂

　協同と表現の学びのワークショップが、広く芸術・文化を基盤にした他者理解と自己表現の能力である「共に学ぶ力」の育成につながるとして、その考え方や理論背景、設計方法について豊富な実践とともに紹介されている。

第 12 章　図書館における学習環境デザイン

塩谷 京子

1　はじめに

　図書館という言葉から、どういうイメージを描くだろう。本がたくさんある、本が読める、静か、教室よりも解放されるというのが一般的だろうか。情報社会の進展に伴い、情報伝達の量と速度が増しメディアも多彩になった。その波は学校にも、そして、活字を扱ってきた図書館にも及んできている。

　もし、小中高等学校の教員が、未だに「図書館＝本」というイメージを強くもっていたとしたら、図書館が提供するさまざまなサービスとの出合いを、目の前の子どもが逸してしまうことに、筆者は不安を感じている。

　本章では、まず、「学びの場」が学校の授業だけではなく授業外にもあることを見ていきながら、図書館のもつ「学校の授業での学び」と「授業外での学び」の両面を示す。その上で、公共図書館と学校図書館の現状を紹介し、図書館における ICT を活用した学習環境デザインを提案する。

2　「学び」と図書館

⑴　「学校の授業での学び」と「授業外での学び」

　「学びたい」と思ったとき、学びの場は学校の授業だけとは限らない。授業外にもある。学習塾、研修会、図書館、博物館、書籍、雑誌、新聞、テレビなどは、多くの人が思い浮かべるだろう。また、ボランティア活動、スポーツ活動、レクリエーション活動、サークル活動などに参加し、活動を通した学びを体験した人も多いだろう。

　「学校の授業での学び」と「授業外での学び」は、何が違うのだろうか。学校の授業には、ねらいがある。授業は決められた時間割に沿って進められている。授業で必要な教材などを準備する予算もある。つまり、学校での授業は教育課程の編成のもとに組織化され、学校という構造化された環境の中で行われているのである。

　このような「学校の授業での学び」に対する言葉として「授業外での学び」を捉えようとした時、「仕事、家庭生活、余暇に関連した日常の活動の結果としての学び」という考え方がある（OECD 2011）。たとえば、家族でよく出かけるキャンプで、子どもが料理を手伝ったり自然の中で遊んだりすることはよくある。そうした活動の結果、米の研ぎ方を覚えたり、木や虫の名前を知ったりするという学びがあった場合、それは「授業外での学び」といえる。そのとき、木や虫の名前を知りたければ、大人に聞いたりインターネットで検索したりするだろう。ICT の発展と普及により、知りたいと思ったことはいつでもどこでも調べることができるようになり、「授業外での学び」の機会は、情報社会の進展とともに急激に拡大された。

　教師は職務の性質上、「学校の授業での学び」に目が向く。しかし、子どもの学びは学校だけで完結するものではなく、学校を卒業しても終わらないものだと考えたとき、教師は「授業外での学び」にも目に向ける必要がある。学校から離れた後も、「授業外での学び」は誰にも連続して存在するからだ。「授業外での学び」という視点をもったとき、「日常生活における学習は、意図しないものであり断片的に発生するが、長い時間の集積の結果、人生に必要な多くのことを学ぶことになる」（山内 2013: 181）という見方ができる。本章では、この見方も視野に入れ、図書館における ICT を活用した学習環境デザインを考える。

⑵　公共図書館と学校図書館

　図書館は国立図書館の他に、公共図書館、大学図書館、専門図書館、学校図書館の 4 館種に分類される。このうち、子どもが活用する機会が多いのは、「公共図書館」と「学校図書館」である。

　県や市区町村などが設置している図書館を総称して「公共図書館」と呼び、年齢に関係なく全ての住民が利用できる生涯教育施設として位置づけられている。公共図書館は、誰もが情報にアクセスできる場として、また、生涯学習の視点に立った情報提供が可能な場として、住民の身近なところに存在している。学校に通っている子どもにとっても、公共図書館は「授業外での学び」が可能な場であり、卒業後も継続して利用できる生涯教育施設である。

　小中学校、高等学校、特別支援学校および中等教育学校に設置されている図書館を総称して「学校図書館」と呼び、学校図書館法第 1 条には「学校教育に欠くことのできない基礎的な設備である」と記されている。同法第 3 条には「学校には、学校図書館を設けなければならない」とあり、設置が義務づけられている。学校図書館は、同法第 2 条において「図書、視覚聴覚教育の資料その他学校教育に必要な資料（以下「図書館資料」という）を収集し、整理し、及び保存し、これを児童又は生徒及び教員の利用に供することによって、<u>学校の教育課程の展開に寄与する</u>とともに、<u>児童又は生徒の健全な教養を育成する</u>ことを目的として設けられる<u>学校の設備をいう</u>」（文部省 1953、下線筆者）と定義されている。

　学校図書館は、「学校の教育課程の展開に寄与する」ことを目的の一つとしていることから「学校の授業での学び」の側面をもつ学校の設備である。加えて、子どもが休み時間や放課後などの自由時間に使える場でもあることから「授業外での学び」の側面ももち合わせている。つまり、学校には、「学校の授業での学び」と「授業外での学び」の両面をもつ学校図書館が存在しており、これは、他の図書館にはない特徴の一つである。

3　学校図書館における ICT 活用

(1)　学校図書館の機能

　記憶を遡り、思い出してみたい。小中高等学校の図書館を「どういう時」に「どういう目的」で使ったのだろうか。「どういう時」に視点を当てると、「始業前、朝読書の本を探すため」「放課後、宿題をするため」「昼休み、友達と

のんびりするため」などのように授業時間外に使った場合と、「国語や総合的な学習の時間に、調べるため」などのように授業時間で使った場合とに分けられる。

　学校図書館が授業で使われるようになった背景には、学校図書館法の一部改正がある。学校図書館法は 1953 年に制定され、1997 年の一部改正により、2003 年度以降に 12 学級を有する学校に司書教諭の配置が義務づけられた。1953 年から 2003 年まで、半世紀という長い間、学校図書館はすべての学校に設置されてはいるものの、多くは単に本が置かれている場所として校内に位置しており、授業で使われることはほとんどなかった。各学校に配置された司書教諭は、授業外での使用が中心であった学校図書館を、授業で使うことができるように改善し、授業と図書館をつないでいく役割を担うようになった。

　授業で使える図書館の利用方法は学校によって異なるものの、その模索のもとになったのが、中学校および高等学校の学習指導要領総則にある「学校図書館を計画的に利用しその機能の活用を図り、生徒の主体的、意欲的な学習活動や読書活動を充実すること」（文部省 1998; 1999、下線筆者）という文言である。その機能については、『これからの学校図書館の整備充実について（報告）』において、「読書センター」「学習センター」「情報センター」の 3 つに分けられている。「学校図書館は、児童生徒の読書活動や児童生徒への読書指導の場である『読書センター』としての機能と、児童生徒の学習活動を支援したり、授業の内容を豊かにしてその理解を深めたりする『学習センター』としての機能とともに、児童生徒や教職員の情報ニーズに対応したり、児童生徒の情報の収集・選択・活用能力を育成したりする『情報センター』としての機能を有している」（文部科学省 2016a: 8）。

　このような経緯により、学校図書館は、本が置かれている場から、授業で使うことも視野に入れた「学習センター」「読書センター」「情報センター」の機能をもった場として生まれ変わった。そのため呼び方も、単なる部屋を意味する「図書室」から、機能をもった場を意味する「図書館」へと変更した学校も見られるようになった。

⑵ 「授業での学び」を支える学校図書館における ICT 活用

　学校図書館の学習環境デザインはまず、学校図書館で授業ができるようにすることに重点が置かれた。たとえば、1 クラス分の子どもが使える机・椅子や教師が板書するためのホワイトボードの補充、授業で活用できる図書館資料（一般図書に加え、百科事典・年鑑・図鑑など）の充実など、モノを中心とした物的環境の整備であった。次に、司書教諭に加えて、専ら図書館の職務に従事する職員としての学校司書の配置など、自治体により差異はあるものの人的環境が整えられた。さらに、図書貸出しが手書きのカードからバーコードを使った方法に変わったり、学校図書館における授業で電子黒板が使われたりするなど、ICT 環境が整備された。

　これらのうち ICT 環境整備について、「情報のデジタル化」と「授業における ICT」の側面から、「関西大学中高等部ライブラリー」（以下、関大中高図書館）での取材を通して紹介する。

　まず、「情報のデジタル化」における取材での回答の中心は、「図書館資料の検索の精度をあげること」と「データベースの提供」であった。図書館資料の検索といえば、中高生になると検索端末などを使い、キーワードを入力して図書館資料を探すことが増える。関大中高図書館では、生徒が校内のどこからでも検索画面にアクセスし、キーワード（件名）を入力すれば複数の図書館資料（図書館にある図書や雑誌などの総称）を探し出すことができる仕組みが整えられている。

　使う側から見ると、このこと自体至極当たり前のことのように映るかもしれない。しかし、中高校生が入力するキーワードに、図書館資料をヒットさせることは容易ではない。通常学校図書館では、図書館資料を購入するとき書誌データも購入している。書誌データとは、図書館資料の情報（著者、タイトル、出版年月日、出版社、分類記号、件名など）が一覧できるように書かれたものであり、1 つの図書館資料に対し 1 つの書誌データがある。関大中高図書館では、生徒が検索したときにより多くの図書館資料がヒットするように、学校司書が書誌データに、手作業でキーワードを追加入力している。たとえば、本の目次に授業で使うキーワードがあった場合や、中高生には難し

いキーワードが書誌データに書かれている場合などは、新たにキーワードを追加修正している。校内で作成された先輩の卒業論文も、生徒が検索したときにヒットするように、学校司書が手作業で書誌データを作成している。

　このように、「学校の授業での学び」に対応することを視野に入れた時、行われている授業や生徒の実態に沿ったキーワードが書誌データに書かれている必要がある。書誌データに書かれていて初めて、生徒が検索したときにヒットするからだ。情報のデジタル化が進んでいるとは言え、購入した書誌データは万能ではない。生徒の実態に合ったキーワードを入力するという学校司書の仕事があることにより、日常スマホで簡単に検索するのと同じように、生徒は学校図書館でもストレスを感じることなく「より精度の高い検索」という恩恵を享受することができるのである。

　関大中高図書館では、キーワードによる図書館資料の検索以外に、百科事典や新聞などの「データベース」による検索もできる環境が整えられている。生徒は校内のパソコンやタブレット PC から関大中高図書館の画面にアクセスし、リンクされたデータベースにログインすることにより、オンラインの百科事典や新聞などを使って検索する。音や動画まで調べることができるオンライン百科事典や、過去に遡って検索ができるオンライン新聞には、紙にはないデジタル特有の長所がある。

　調べる活動を進めるとき、百科事典で事柄の定義を確認したり、新聞記事で出来事の概要を把握したりすることは、紙であれデジタルであれ、まず始めに行ってほしいことである。多様なメディアを取り入れることは、生徒の選択肢を広げることだけをねらいとしているわけではない。活用するという体験を通してそれらの存在や使い方を知ることも、「学校の授業での学び」が「授業外への学び」へとつながるきっかけになる。

　次に、「授業における ICT」については、学校図書館に整備された実物投影機や電子黒板、プロジェクタやスクリーンをどのように活用しているのかが、取材での回答の中心であった。教師が教科書や資料を大きく映したり、生徒が図表を映しながら説明したりするなど、教室における日常の授業の中でICT を活用している場合、学校図書館を活用したときにも同様の設備を使う

ことが可能ならば、授業の進行が普段通りにできることになる。また、教室での学習形態は、一斉学習、グループ学習、ペア学習、個人学習など、多様である。学校図書館を活用したときにも、学習形態に応じて机・椅子の配置を選ぶことが可能ならば、普通教室と同じように学習形態を変化させながら授業を進めることができる。さらに、各教科等の授業において、情報を集めた後プレゼンテーションやディスカッションをそのまま学校図書館で行う授業や、情報を収集するときのスキルだけでなくまとめて発表するときのスキル（情報活用スキル）（塩谷ほか 2017）の指導など、従来ならば学校図書館で行われることがなかった学習活動も可能になる。

　このように、教室で使っている ICT を活用した学習環境が学校図書館でも同じように整備されることは、教員側から見ると授業のねらいに沿った学習活動の選択肢が増えることになり、生徒の側から見ると普通教室での利便性が学校図書館でも生かされることにつながる。

⑶　「授業外での学び」を支える学校図書館の ICT 活用

　子どもは学校生活において、授業だけでなく授業外でも学校図書館を使うことがある。始業前、休み時間、放課後などに学校図書館に来るときは、授業の時とは活用する目的が異なる。調べものを始め、好きな科学雑誌を読みたい、好きな小説を読みたい、旅行の情報を集めたいなど、趣味や娯楽の一環としての利用もある。このような「授業外での学び」に対応するために、学校図書館ではどのように ICT が活用されているのだろうか。

　まず、関大中高図書館の入口にあるデジタルサイネージに目が止まる（**図12-1**）。デジタルサイネージとは、電子的な表示機器を使って情報発信するシステムの総称であり、駅、病院、店頭など、人が集まるところで広告やお知らせを目的として使われている。画面には、生徒からの本の紹介が映し出されている。日常の生活の場では本を紹介する機会は少ないが、ICT を活用すれば関大中高図書館に来る多くの友達に発信できる。

　次に、ドアを開け、関大中高図書館を一覧したときに目につくのは、それぞれの目的に合わせて ICT を活用している生徒の姿である。授業での課題

図 12-1 図書館の入り口近くに設置されているデジタルサイネージ

（関西大学中高等部提供）

を解決している生徒もいれば、趣味の時間を楽しんでいる生徒もいる。机
（キャレル）では、デスクトップパソコンを使ってレポートを書いていたり、
イヤホンをつけて DVD で映画を見ていたりしていた。キャレルの下にはプ
リンターがあり、印刷された用紙には名前が印字される（**図 12-2**）。広い机で
打ち合わせをしていたグループでは、記録係と思われる生徒がノートパソコ
ンを使ってメモしていた。ノートパソコンは常備されており、生徒証をカウ
ンターで提示すれば借りることができる。

　そして、最近取り組み始めたのが、ホームルームや教科で使用しているグー
グルクラスルームの機能を図書館でも利用することである。この機能を使う
ことにより、生徒と直接顔を合わせなくても、学校司書は Web 上で気楽に
双方向のコミュニケーションを取ることができる。たとえば、学校司書が、
新着図書の案内、お知らせ、利用案内、アンケートなどを発信すると、アク
セスしてきた生徒からさまざまなコメントが返ってくる。いつでもどこでも
使えるこのツールを積極的に使うことにより、図書館の利用者を従来とは違

図 12-2　授業での学びだけでなく授業外での学びにも対応できるキャレル

（関西大学中高等部提供）

う方法で広げている。

⑷　学校図書館における学習環境デザイン

　「学校の授業での学び」にも「授業外での学び」にも対応できる場が学校図
書館である。学校図書館の学習環境デザインは、この特徴を視野に入れて進
められている。同時に、情報社会を生きている子どもが活用することも、忘
れてはならない視点である。

　学校図書館の先進国であるアメリカ合衆国のアメリカ・スクール・ライ
ブラリアン協会（AASL）は、『学校図書館メディアプログラムのためのガイド
ライン』（2010）を提案した。これはガイドラインであるとともに、学校図書
館が子どもの学びにどのようにかかわることができるのかを示すものであ
る。その中で、「学校図書館メディア職のメンバーは、コンピュータ、Eメー
ル、インターネットが存在する前の時代を覚えているかもしれない」と、確
認した上で、「しかし、今日の学習者は"ネットワークがある"世界の中で育っ

てきた。彼らは、コンピュータや携帯端末を通して、グローバルな情報資料に常にアクセスできる環境にあり、彼らはすぐにそれらの情報を検索できることを期待している」と述べている。この引用で確認したいことは、今日の学習者には、既に「学校の授業での学び」を通して身につけた知識やスキル、さらには情報を検索できることへの期待があることが前提であり、そのような学習者の学びに対して、学校図書館はどのようにかかわるのかについて、ガイドラインを示したことである。

　今日の日本の中高生も、アメリカ合衆国の学習者同様に"ネットワークがある"世界の中で育っている。知りたいことがあればすぐにスマホで検索することは既に日常的に行われており、入力するキーワードは生徒がもつ語彙が主となる。このキーワードですぐに検索できることを期待している生徒が、学校図書館の利用者であることを前提する必要がある。それゆえ、学校図書館を活用することを通して、「学校の授業での学び」で習得した情報活用スキルを「授業外での学び」で活かすことに教師が目を向けることは、彼らが学校を卒業してからの情報との付き合い方にとって重要である。日常触れているインターネットに加え、図書、電子書籍、雑誌、新聞、オンライン新聞などの情報を扱う機会が生徒に保障されることは、簡単に情報を得る便利さだけでなく、情報を批判的に捉え多面的に考える機会を増やすことにつながるからである。

4　公共図書館における ICT 活用

(1)　公共図書館が提供しているデジタルデータ

　生涯教育施設として位置づけられている公共図書館というと、学校図書館よりさらに多くの本が館内に隙間なく配架されている情景をイメージする人が多いかもしれない。公共図書館が ICT を活用して提供している学びの現状を、「情報のデジタル化」の側面から「大阪市の運営する中央図書館」(以下、中央図書館)での取材を通して紹介する。

　中央図書館の利用者多機能端末の周りには、多くの人が集まっている。ま

た、Wi-Fi が使え、パソコンを持参できる部屋も人で溢れている。住民の誰もがアクセスできる情報として、中央図書館が扱っているデジタルデータには、どのようなものがあるのだろうか。中央図書館のデジタルデータを、館内のみで使用できるデータと、どこからでもアクセスできるデータに分類した（**図 12-3**）。

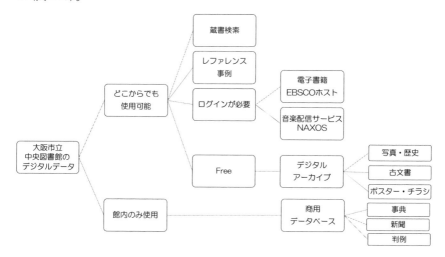

図 12-3　大阪市立中央図書館において提供しているデジタルデータの分類
（大阪市立中央図書館の提供資料をもとに著者作成）

　中央図書館に行かないとアクセスできないのが、商用データベースである。百科事典、専門事典、新聞、判例などは、専用の利用者多機能端末で検索できるようになっている。

　その一方で、自宅にいながらでも Web にアクセスできれば使用可能なデータは、意外と多い。Web には、ログインしてから使用（中央図書館のカードとパスワードが必要）できるデータと、無料で外部から誰でも使用できるデータがある。ログインしてから使用可能になるサービスとして、電子書籍と音楽配信などがある。

　中央図書館では、購入する電子書籍を絞っており、すべての分野の電子書籍を購入しているわけではない。書き込みができる問題集やワークブックな

どの電子書籍を重点的に購入しているのは、住民のキャリアアップに寄与するためである。具体的には、ビジネス知識の習得、資格取得、語学学習に役立つ本など、1,400タイトルを提供している。電子書籍には、ページを選択して自宅で印刷できるものも多くある。レポートの書き方を学びたい、英語の検定試験を受けたいなどというときに、中央図書館の電子書籍は、大きな味方になるだろう。

　音楽配信サービスも、クラシック音楽を中心に、ジャズ、ポピュラー音楽など、100万曲以上を再生できる音楽データベースを無料で利用できる（楽曲のダウンロードやコピーは不可）。日本国内の図書館ではこのサービスは少ないが、アメリカ・イギリスを中心に3,000以上の図書館で広く利用されているサービスである。

　どこからでもWebにアクセスできれば、ログイン不要な無料のデータもある。中央図書館では、デジタルアーカイブの画像の一部、たとえば、写真・歴史、古文書、ポスター・チラシなどを誰でも使えるオープンデータとして提供している。これらは、著作権保護期間が満了したものであることから、ダウンロードし加工することもできる。

　このように、公共図書館が住民に提供しているICTを活用したサービスは多岐にわたる。公共図書館は、単に本を借りる場所ではない。すべての地域住民が生涯にわたり、知ってさえすればいつでもどこからでもサービスの提供を受けることができるように、学習環境がデザインされているのである。

⑵　公共図書館における学習環境デザイン

　公共図書館は、地域住民すべてを対象とした生涯教育施設である。中央図書館のICTを活用したサービスを見ると、わざわざ出向かなくても自宅にいながら情報が届くように、学習環境がデザインされていることがわかる。

　しかし、"ネットワークがある"世界の中で育ってきた子どもの多くは、図書館の発信するデータそのものに興味関心が薄いだけでなく、このようなサービスが行われていること自体を知らない。印刷物やオンライン、データの断片的な情報に取り囲まれているからだ（AASL 2010）。日本においても、

"ネットワークがある"世界の中で育ってきた子どもの現状を把握した上で、学校図書館の活用だけでなく公共図書館との連携も強調している（文部科学省 2016b）。

　公共図書館のサービスを使っていたり、知っておいたりすることは、成長につれて比重が「学校での授業での学び」から「授業外での学び」へと移った時にも、情報収集の選択肢を広くもつことにつながる。このような視点からも、子どもが学校に通っている時から、公共図書館のサービスを紹介したり体験したりする機会を設ける必要性がある。

5　おわりに

　本章の冒頭の「図書館という言葉から、どういうイメージを描くだろう。本がたくさんある、本が読める、静か、教室よりも解放されるというのが一般的だろうか」という問いかけをもう一度したい。知識基盤社会の進展により、活字が中心でその影響を受けにくいと思われる図書館の学習環境デザインには、ICT がいかに当たり前のように使われているのかが伝わっただろうか。

　教育の情報化により、学校図書館への影響は、扱う情報機器の変化に留まらず、利用者である子どもの ICT に向かう姿勢にも及んでいる。子どもは、スマホを使って簡単に検索でき、情報を容易に入手できる環境にいる。図書館が提供するサービスがどれだけ便利で有用であったとしても、その存在や使い方を知らなければ、便利さや有用性を感じられない。その結果、子どもは使うことはできないし、使おうともしないのである。

　本章で取材し紹介したのは、一例に過ぎない。日本全国の学校には「学校図書館」があり、各自治体には「公共図書館」がある。手始めに、皆さんの周りの図書館に出向いてみるのはどうだろうか。

参考文献

OECD 山形大学教育企画室監訳, 松田岳士訳 (2011)『学習の認証と評価―働くための知識・スキル・能力の可視化』明石書店

塩谷京子・小谷田照代・萩田純子・堀内典子・堀田龍也・久保田賢一 (2017)「情報活用スキル育成のための授業に対する児童生徒および教員の意識に関する調査―小中 9 年間を見通した体系表をもとに―」『学校図書館学研究』19：80-88

文部省 (1953)「学校図書館法」http://www.mext.go.jp/a_menu/sports/dokusyo/hourei/cont_001/011.htm (参照 2017-07-30)

文部省 (1998)「中学校学習指導要領総則」http://www.mext.go.jp/a_menu/shotou/cs/1320062.htm (参照 2017-07-30)

文部省 (1999)「高等学校学習指導要領総則」http://www.mext.go.jp/a_menu/shotou/cs/1320147.htm (参照 2017-07-30)

文部科学省 (2016a)「これからの学校図書館の整備充実について (報告)」http://www.mext.go.jp/component/b_menu/shingi/toushin/__icsFiles/afieldfile/2016/10/20/1378460_02_2.pdf (参照 2017-07-30)

文部科学省 (2016b)「別添 1 学校図書館ガイドライン」http://www.mext.go.jp/a_menu/shotou/dokusho/link/1380599.htm (参照 2017-07-30)

山内祐平 (2013)「教育工学とインフォーマル学習」『日本教育工学会論文誌特集：情報化社会におけるインフォーマルラーニング』37 (3)：187-195

American Association of School Libraries (2009) *Empowering Learners: Guidelines for School Library Programs*, American Library Association. ＝ 渡辺信一・平久江祐司・柳勝文監訳、全国 SLA 海外資料委員会訳 (2010)『シリーズ　学習者のエンパワーメント第 2 巻：学校図書館メディアプログラムのためのガイドライン』全国学校図書館協議会

さらに勉強したい人のための文献案内

(1)　日本図書館情報学会研究委員会編 (2017)『わかる！図書館情報学シリーズ第 4 巻　学校図書館への研究アプローチ』勉誠出版

本書は、学校図書館「研究」概論とも言える 1 冊であり、学校図書館をフィールドとして研究を進めたいと考える学生、研究者、図書館員への入門書である。また、近年の動きとともに、学習センター化、情報センター化、読書センター化する学校図書館の現状を「研究」という視点で見渡すことができる。

(2)　山本順一編 (2016)『新しい時代の図書館情報学 補訂版』有斐閣

本書は、高度情報通信ネットワーク社会を背景とした新しい時代の図書館情報学の解説書である。このときの図書館像とは、「必ずしも伝統的な紙媒体のみを収集・提供するものではなく、サイバースペースに大きく乗り出し、変貌を強いられるものである」と、新たな方向が示されている。

第 13 章　ロボットを活用した教育実践

山本 良太

1　はじめに

　科学技術の進展によって私たちの身の回りにはさまざまなロボットがあふれるようになった。たとえば、製造ラインで活躍する工業用ロボットのようにプログラムされた動作のみを行うものもあれば、部屋の形状や家具の配置によってその都度動きを変えながら清掃する iRobot のルンバ、複雑な人とのコミュニケーションにも対応できる Softbank の Pepper などが思いつくだろう。さらに最近では、ソニーが 2006 年まで販売していた犬のロボットAIBO を、2018 年より再度販売することを発表したように、ロボットはますます私たちの生活に入り込むことが予想される。

　一方で、目的や開発の思想、形状が異なるさまざまなロボットが開発されているが、それらを教育的に利用しようという動きはそれほど活発ではないように見える。本章では、まずロボットの活用が進まない現状についてその理由を検討し、次に筆者とその共同研究チームが取り組んできた特別支援学校での事例を通してロボット活用の意義について論じたい。

2　個人に閉じた能力観とロボットの齟齬

　ロボットが学校で活用されない理由はさまざま挙げられるだろう。たとえば、高価であるため予算的に手が出せなかったり、そもそも教師がその使い方が分からなかったりする。それよりも、より本質的な理由として学校が共有している「個人に閉じた能力観」と、ロボットの活用が相容れない関係に

あるからだとも考えられる。個人に閉じた能力観とは、子どもが将来さまざまな状況に直面した時、知識や技能を適切に発揮できるよう、自分の頭や身体の内部に知識や技能を蓄積することであるという考え方である（石黒 1994; 2001）。この考え方に従えば、子どもは道具や他者の助けを借りずに独力で知識を記憶することやパフォーマンスを示すことが求められ、教師は子どもへの道具や他者による助けを排除しようとする。また、純粋に個人内に閉じられた能力を測定するためにペーパーテストや体育や音楽のような実技試験が用いられる。

　個人に閉じた能力観が共有されている学校にとってロボットは適切な存在ではない。なぜなら、そもそもロボットは人を助け、支えるために開発され存在しているからである。学校では、計算問題で電卓を使うことも、言葉の意味がわからないときにコンピュータで調べることも、漢字がわからないときに携帯電話を取り出して予測変換で確かめることも、道具を使用することが通常許されていない。ロボットにはさまざまなタイプがあるが、たとえば自律的に行動するロボットである Pepper が教室の中にいて、子どもにこっそりと試験の答えを教えられては、個人に閉じた能力観に基づいて作られた学校教育が侵害され、壊されてしまう。このような考え方の違いから、教師はロボットを積極的に教室内に持ち込んで新しい学習活動を展開することを敬遠しがちになるのではないだろうか。

3　道具を用いた人の行動

　日常生活において人が道具の助けを一切借りずに行動している状況を想像することはできない。言い換えれば、人は常に自分の力だけではできないことを何らかの道具の助けを借りて行っている。たとえば、バーテンダーは熟練するに従って、注文を言語的に記憶するやり方から、ドリンクに対応したグラスの形状で記憶するやり方、さらにはグラスの配置によって記憶するやり方へ変化していく。つまり、記憶の補助として道具を積極的に活用している（Beach 1993）。またカフェの店員は、さまざまな注文に加え、シロップ

の追加や温度などのカスタマイズに対応しなければならない。そこで店員
は、多くの顧客の注文を効率的に処理するためにカップに印字されたチェッ
クボックスを用いて作るべきコーヒーの注文を記憶している。チェックボッ
クスを用いることで、記憶を補助すると同時に、レジ担当やドリンク作り担
当などの円滑な分業も可能としていた（有元・岡部 2008）。これらは記憶を補
助する道具使用の例であるが、人の行動を助け支える道具の例は枚挙にいと
まがない。それは学校でのさまざまな学習においても同じである。そもそも
学習で使用している鉛筆やノート、さらには文字もすべて道具である。子ど
もはそれらを用いて授業で教えられた内容を長期的に記憶するための補助と
している。また音楽の実技でも、例えばリコーダーを演奏する技能を高め試
験しているように見えるが、そもそも演奏という行動はリコーダーという道
具なしには成立しない。このように、人の行動と道具は深く結びついており、
道具を排除した個人に閉じた能力を想定することはできない。

　そこで教師が考えるべきことは、道具の影響を排除した知識や技能の蓄積
というよりもむしろ、子どもがさまざまな道具をどのように使いこなせるよ
うになるか、それらを使いこなしてこれまでできなかったことができるよう
になるか、さらにはこれまで子ども自身が自分の力だけではできなかったこ
とを道具の助けを借りてしたいと考えるようになるか、である。とりわけロ
ボットはさまざまな人の行動を助け、これまでできなかった行動を可能にす
る。そのためその活用では、子どもは道具との相互作用によって発展的に新
しい行動を生み出していくことが期待される。

　以上から、ロボットの教育利用では、子どもができることを拡張するよう
な実践が重要となる。そこで本章では、子どもとロボットの相互作用に注目
し、ロボットを活用することは学習者にどのような影響を与えるのか、具体
的には特別支援学校におけるロボットを活用した実践の事例より検討したい。

⑴　ロボットを活用した実践事例の概要

　筆者らの研究チームは、2015 年度より肢体不自由の生徒を受け入れる A
支援学校にてテレプレゼンスロボット OriHime（**図 13-1**）を活用した実践に

取り組んできた（Yamamoto *et al.* 2016; 山本ほか 2017）。テレプレゼンスロボットとは、**図 13-2** に示すように遠隔地にいる人がロボットを操作して他者とコミュニケーションし、あたかも同じ場所を共有しているような存在感を与えるための装置である（Yamamoto *et al.* 2016）。本実践で使用した OriHime は、オリィ研究所が ALS や筋ジストロフィーを始めとした身体を動かすことが困難である患者や引きこもりの生徒などの社会参画を実現することを企図して開発したものである。

OriHime の操作者は、ロボットの頭部に付けられたカメラを通して相手の様子や周りの状況を確認できる。また、スピーカーを通して自分の声を発することができるほか、首、腕を動かし非言語情報を伝えることもできる。そして、操作者あるいは OriHime と会話する人への配慮から相手には操作者の顔が見えないという特徴がある。

OriHime を活用した実践は、A 支援学校に在籍する生徒のコミュニケーションの学習を目的に行われた。A 支援学校に限らないが、支援学校では生徒が他者と積極的にコミュニケーションしようとする態度を育む学習を重視している。筆者が参加する OriHime の教育活用研究チームの一員である A 支援学校の田村教諭（仮名）によると、在籍する生徒の中には、コミュニケーションの機会が家族や学校関係者などに偏りがちになってしまうため、引っ込み思案で対人コミュニケーションを苦手にしている者がいるという。そこで、田村教諭が担当する英語の授業内で、OriHime を通して学校外の人とコミュニケーションする機会を設けた。

⑵ OriHime を活用した生徒の変化

授業ではまず、学校外から筆者が操作する OriHime を教室内に設置した。筆者らと田村教諭は事前に、OriHime が英語しか話せないというストーリーを打ち合わせていた。そこで田村教諭は、誰が OriHime を操作しているのか明かさず、また英語しか話せないという設定で生徒の前に提示した。生徒は、OriHime のまるで宇宙人のような不思議な外見に関心をもった。生徒が OriHime に関心をもったところで田村教諭は、OriHime は英語しか話せ

図 13-1　テレプレゼンスロボット OriHime

（著者提供）

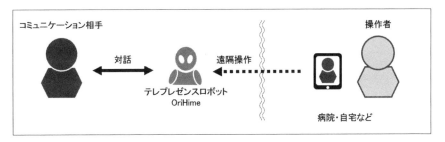

図 13-2　テレプレゼンスロボット OriHime を用いたコミュニケーション

（Yamamoto *et al.* 2016 を和訳し一部改変）

ないので、英語で大阪や A 支援学校のことについて紹介しようと提案した。
生徒は次回の授業までに紹介文を英語で準備し、OriHime にプレゼンテー
ションした。筆者は OriHime を通して生徒の英語での紹介を聞き、英語で
返答したり、質問したりした。この活動を 2 つのテーマ（A 支援学校の給食に
ついて、大阪について）で 2 回実施した。
　授業を担当した田村教諭によると、生徒は学校外の人とコミュンケーショ
ンする際、慣れるまでに時間がかかり、初対面ではほぼ面と向かって話すこ

とができないということだった。しかし、OriHime と会話する生徒は最初から積極的に自分が考えてきた紹介文を読み上げようとし、それは初対面の人との会話では見られない態度だった。実践開始時、生徒は OriHime に「ゆうちゃん」と名付けるなど親近感をもって接する様子が見られた。

　さらに、授業の最終回に田村教諭は OriHime を人が操作していることを明かし、操作していた筆者とインターネット会議システムを用いて会話する機会を作った。その時、生徒は初めて顔を見る筆者に緊張することなく、OriHime と話す時と同じように会話することができた。生徒と筆者の会話が終わった後に、田村教諭が生徒に緊張することなく会話できた理由を尋ねたところ、OriHime と筆者の声が同じだったため緊張しなかったと答えた。

　OriHime を活用した実践は、会話の相手を筆者から東京の大学生に変えて 2016 年度も継続された。数名の生徒は前年度の実践にも参加していたことから、実践開始時から物怖じすることなく OriHime を介して会話することができていた。そして、今度は生徒が OriHime を操作して大学生による大学キャンパスツアーに出かけた。キャンパスツアーを終えた後、生徒から「次は自分たちが A 支援学校の案内を学生にしたい」と提案し、コミュニケーションに積極的になった。

　このような生徒のコミュニケーションすることへの積極的な態度の形成は、OriHime を媒介することなしには達成することができなかった。A 支援学校の生徒とは異なる特徴をもつが、自閉症スペクトラムの生徒のコミュニケーション学習としてロボットを活用した実践の報告が参考になる。その報告の事例でも、本実践と同じようにコミュニケーションに対して積極的な態度が見られたという(小嶋・仲川 2007)。自閉症スペクトラムの学習者はコミュニケーションに対する意欲を欠いているのではなく、人とのコミュニケーションでは多くの情報が伝達され、どのように対応してよいのか混乱してしまい、結果としてコミュニケーションする意欲が失われてしまうのではないかと考えられている。それが、ロボットとのコミュニケーションでは人の場合と比べて表出される情報が限定され、それによって学習者は混乱することなく積極的にコミュニケーションする意欲を維持することができる。A 支援

学校の生徒はコミュニケーションに対する積極性を欠いているというよりも、積極的にコミュニケーションする準備が整っていない状態にあったといえる。OriHime を媒介したコミュニケーションを数回重ねるうちに生徒はその準備が整い、最終的に対面であっても声が同じ筆者に対して緊張することなく会話することができた。つまり生徒は OriHime に媒介されることで、コミュニケーションに消極的な自分から、積極的な自分へと変化できたといえる。

⑶　OriHime を活用した教師の変化

　OriHime の存在は、生徒だけでなく田村教諭にも影響を与えていた。具体的には、OriHime を媒介したコミュニケーションの機会を作ろうと、積極的に学校外の人たちとつながりを作るようになった。

　筆者らの研究チームが OriHime を活用した実践と研究を試みていることを知り、田村教諭は勤務する A 支援学校で活用したいと申し出た。当初、長期入院中や自宅療養中の生徒が OriHime を通じて教室内の学習活動に参加することを構想していた。そのために、A 支援学校内で長期入院中や自宅療養中の生徒が在籍している学年の担任に OriHime を紹介し、活用を持ちかけていた。しかし、OriHime を活用するためには、生徒の保護者の同意が必要なことや OriHime の操作に対する不安などから、積極的に利用したいという教師が現れなかった。

　そこで田村教諭は、筆者らの研究チームと協力し、OriHime と生徒がコミュニケーションする授業を計画した。まず、テーマを「A 支援学校の給食について」と「大阪について」として、事前に生徒に英語で話す内容をまとめさせ、各生徒の特長や英語の知識、授業への参加態度を筆者と共有した。さらに、生徒へゆっくりと語りかけることや、カタカナ英語で発音することなど、生徒がコミュニケーションしやすいように筆者にアドバイスをしてくれた。2016 年度の生徒と東京の大学生の交流でも、放課後に大学生とテレビ会議を用いて打ち合わせしたり、夏休み期間に東京まで足を運び大学生と対面で 2 学期以降の授業内容を打ち合わせたりした。

　さらに田村教諭は 2017 年度に、研究チームのメンバーや実践に協力し

た大学生と共に学会や研究会で OriHime の実践報告を積極的に行うように
なった。

　OriHime には、支援学校の生徒が積極的にコミュニケーションしたいと
思うようにさせる力がある。しかし OriHime は、AI（Artificial Intelligence：人
工知能）が搭載され自律行動をするというような機能はもっておらず、その
背後には必ず人がいて何らかの操作をしなければならない。それができなけ
れば OriHime はただの人形になってしまう。この実践を成立させるために
は、OriHime を実際に操作する他者の協力が欠かせない。田村教諭はこの
ことを理解し、OriHime を効果的に活用するために研究者や大学生とつな
がりを作りたい、協力を得るために働きかけたい、という思いが生まれ、こ
れまでには見られなかった行動を起こした。生徒と同様に、田村教諭の行為
もまた、OriHime を媒介として人的なネットワークを拡大しようとするも
のへと変化した。

⑷　ロボットを活用するための学習環境

　ここまでの事例紹介から、OriHime が A 支援学校の生徒や田村教諭の行
為を変化させる力があることを示した。しかし、OriHime という道具があ
れば A 支援学校で見られたような生徒や教師の行為が促されるわけではな
い。OriHime を活用する場合、それを操作する協力者が必要になる。A 支
援学校では、筆者をはじめ OriHime の教育活用研究チームのメンバーや大
学生たちが授業支援に携わったが、そうした人的なリソースが周辺にあるこ
とが実践を成立させるための重要な要素であった。また、OriHime を活用
するためにはインターネットに接続可能なコンピュータと操作用のタブレッ
ト端末が必要であるが、授業では研究チームが貸与した機器を用いた。さら
に、A 支援学校が OriHime のような ICT 機器の活用に対して好意的であっ
たことも授業実践を後押しした。このように、道具を用意することは十分条
件とはいえない。協力者や他の道具、学校内で共有された考え方や規範など、
さまざまな要素が含まれる学習環境がなければ、実践は成立しなかったし、
これまで見てきた生徒や教師の変化は生じなかっただろう。

　実際にロボットを教育活用するためには、「学習者＋ロボット」というセットだけで考えるのではなく、「学習者＋ロボット＋ロボットを取り巻く学習環境」を 1 つの単位として捉え、実践全体を俯瞰する目をもつことが重要である。

4　道具との相互作用による主体性という視点

　人は常に道具とともにあり、それによって自分一人でしかできない水準を乗り越えていく。このことは、たとえば冒頭で紹介したように、電卓を使うことでより短時間で計算ができるようになるような、何かしらの能力の拡張に限定されるものではない。つまり、生徒の誰かとコミュニケーションをしたいという欲求や、田村教諭の実践を成立させるために研究者や大学生の協力を得たいという願望のように、個人の情動に基づく行為主体性 (agency) の形成も伴う。

　行為主体性と聞くと、一般的には個人に閉じた能力観と同じように、一人ひとりが自分の中にもっているもので、それを高めたり低めたりするのは個人の問題であると思われがちである。しかし行為主体性は、道具との相互作用によって立ち現れてくるものであると考えることができる。ここでいう行為主体性とは、「何かが足りないとか欲しいと感じたり、何かができる、したいと思ったり、プランを立てたり、そのように感じ、考える主体的な判断、欲求、ニーズを持つ能力（上野ほか 2014：173）」を指す。そしてこの主体性は、その人を取り巻く道具によって形作られる (Callon 2004)。たとえば車のドライバーは一見自らの主体性に基づいて運転しているように見える。しかし見方を変えればその主体性は、車や車に搭載されたカーナビゲーションシステム、システムに情報を与える衛星や GPS などさまざまな技術的な補助、さらには道路といった道具によって支えられ、形作られている。もしドライバーからそれらの道具をすべて取り上げれば、運転したいという主体性はそもそも生まれないし、当然行動も起こらない。つまり、何かをしたいという主体性は常に道具との相互作用によって湧き上がってくるものである。

　行為主体性が道具との相互作用によって立ち現れてくるという考え方に従えば、それはあくまでも状況的なものであり、たとえそれが形成されたとしても、道具を失えば立ち消えてしまうものであると思われるかもしれない。A支援学校ではOriHimeがなくなってしまえば、これまで紹介してきた生徒や田村教諭の行為主体性が失われてしまうことだろう。

　しかし人は道具によってすべての行動が左右される受動的な存在ではなく、別の道具を創り出したり、あるいは自分の行為主体性を変化させたりしながらなんとか欲求を満たそうとする生き物である。A支援学校の生徒は、OriHimeを媒介することによって生まれたコミュニケーションへの欲求が生じ、その結果OriHimeを媒介せずとも筆者と対面で問題なく会話できた。このように、たとえこれまで使用してきた道具が取り払われてしまっても、行為主体性の源泉となる欲求や願望は容易には失われない。そして、その欲求や願望に基づいた新しい行為主体性と行動が立ち現れてくる。A支援学校では、生徒は「引っ込み思案な私」という行為主体性を「積極的にコミュニケーションしたい私」へと変化させ、結果OriHimeなしでも会話できるようになった。

　ロボットを教育活用することは、単に学習者の能力の水準を引き上げるだけではなく、欲求や願望を喚起して行為主体性の形成に寄与する。そして、その主体性はロボットという存在がなくなっても別の方法で欲求や願望を満たす新しい主体性の形成へとつながっていくことが期待される。すなわち、ロボットの活用はこうした行為主体性の形成と発展の連鎖を生み出すためのトリガーとなる可能性がある。この点にロボットを教育的に活用することの意義がある。

5　ロボットを活用した実践の拡大に向けて

　冒頭でも述べたように、ロボットの教育利用はこれからの領域である。本章では、テレプレゼンスロボットを取り上げ、その教育的価値について検討したが、ほかにも開発の思想や備えている機能の異なるロボットが数々開発

されている。たとえば、Pepper に代表されるような AI を搭載した自律行動できるようなタイプのロボットなども身近な存在になってきた。おそらく、今後開発側も教育利用しやすいロボットを作るようになるだろう。けれども、開発側が一方的に教育の論理に合わせるだけでなく、教育に携わる人たちもまたロボットの価値を認めそれに合わせ変化することが大切である。

　ロボットは、子どもの一人ひとりの能力を育てるという「個人に閉じた能力観」の中では受け入れられにくい存在である。教師には必然的に学習に関する考え方を変化させ、田村教諭がそうであったようにこれまでにはない行為主体性を形成することが求められるだろう。そうした変化は簡単ではない。しかし、豊かな人間や社会形成のためにどのようにしてロボットと共生できるか考えることは面白いと思えないだろうか。A 支援学校の生徒たちは、OriHime なしに学校外の人たちと対話を楽しみ、積極的になることができただろうか。田村教諭は OriHime を活用しようとすることなしに研究者や大学生とつながりを作ろうとしただろうか。OriHime がそこにいなければ生徒は学校外の人たちとつながりたいという想いをもちながらも支援学校の中で孤独を感じなければならなかったのではないだろうか。また、田村教諭は誰かと一緒に授業を作り上げるという楽しさを感じることができなかったのではないだろうか。ロボットには学習環境に変化をもたらすポテンシャルがある。

　ロボットに頼らない個人に閉じた能力を育てることにこだわったり、その結果ロボットを学校から遠ざけたりするのではなく、ロボットとの相互作用をどのようにデザインするのか。このような実践や研究のスタンスが今後求められるのではないだろうか。

参考文献

有元典文・岡部大介 (2008)『デザインド・リアリティ：半径 300 メートルの文化心理学』北樹出版

石黒広昭 (1994)「学校という場、授業という場」『授業研究 21』32 巻 413 号：83-87

石黒広昭 (2001)「アーティファクトと活動システム」茂呂雄二編『実践のエスノグラフィ』

金子書房

上野直樹・ソーヤーりえこ・茂呂雄二 (2014)「社会－技術的アレンジメントの再構築とし
　ての人工物のデザイン」『認知科学』21 巻 1 号：173-186

小嶋秀樹、仲川こころ (2007)「人と向きあうエージェント、人と人をつなげるエージェン
　ト：療育現場でのケーススタディ」山田誠二監訳『人とロボットの＜間＞をデザイン
　する』東京電機大学出版会

山本良太・久保田賢一・岸磨貴子・植田詩織 (2017)「支援学校教師の主体的な行動を促す
　外部人材との連携に関する研究－テレプレゼンスロボットの活用を事例として」『教育
　メディア研究』24 巻 1 号：89-104

Beach, K. D. (1993) Becoming a bartender: The role of external memory cues in a work-
　directed education activity. *Applied Cognitive Psychology.* Vol.7: 191-204

Callon, M. (2004) The role of hybrid communities and socio-technical arrangements in the
　participatory design.『武蔵工業大学環境情報学部情報メディアセンタージャーナル』5
　巻：3-10 ＝ 川床靖子訳「参加型デザインにおけるハイブリッドな共同体と社会・技術
　的アレンジメントの役割」上野直樹・土橋臣吾編『科学技術実践のフィールドワーク：
　ハイブリッドのデザイン』せりか書房

Yamamoto, R., Sekimoto, H. & Kubota, K. (2016) Studying a Tele-Presence Robot Installed
　into a Hospital Classroom. *International Journal for Educational Media and Technology.* Vol.10,
　No. 1: 53-62

さらに勉強したい人のための文献案内

(1)　岡田美智男・松本光太郎・麻生武・小嶋秀樹・浜田寿美男 (2014)『ロボットの悲しみ：
　コミュニケーションをめぐる人とロボットの生態学』新曜社
　本書は、人とロボットとのコミュニケーションを通して双方の関係がどのように作られ
　ていくかが論じられており、共生に向けた興味深い視点を提供してくれる。ロボットは
　道具ではなく、パートナーであることが強く感じられる書である。

(2)　山田誠二 (2007)『人とロボットの＜間＞をデザインする』東京電機大学出版局
　人とロボットの円滑なコミュニケーションを成立させるために、人の認知特性を理解す
　ることは重要だろう。本書では、ロボットとのさまざまな状況でのインタラクションに
　おける人の認知を広く説明しており、ロボット開発と教育利用双方で参考になる知見が
　紹介されている。

第三部

高等教育における ICT 活用

第 14 章　自律的な学びを支える学習支援と ICT

岩﨑 千晶

1　はじめに

　本章では、未来を拓くために大学生に求められている力やその力を育む、あるいは発揮するための方法としてアクティブ・ラーニングを取り上げ、そこに ICT をどう活用することが望ましいのかについて考えていく。具体的には、アクティブ・ラーニングを効果的に実践するために、LMS、クリッカー、MOOC の活用について検討をする。

　次に、学生の学びを育むために構築されたアクティブ・ラーニング型の教室やラーニングコモンズ等の学習環境において、どのように ICT が利用され、学生の学びを支えているのかについて述べる。またレポート執筆に関する相談を受け付けるライティング支援等、ラーニングコモンズを主軸とした学習環境で展開されている学生の自律的な学びを支える学習支援における ICT の活用についても言及する。

2　高等教育において求められている新しい能力とアクティブ・ラーニングの導入

(1)　高等教育において求められている新しい能力

　大学では、2012 年の中央教育審議会答申「新たな未来を築くための大学教育の質的転換に向けて〜生涯学び続け、主体的に考える力を育成する大学へ〜」を受け、学生が主体的に学ぶことができるアクティブ・ラーニングの導入を目指している。その背景には、まず社会の変容が挙げられる。情報化社

会から知識基盤社会、リスク社会へと現代社会が移行したことで、社会が学生に求める能力は高くなってきた。具体的な提言として、文部科学省は学士力、経済産業省は社会人基礎力を提示している。学士力では単なる知識の理解に留まらず、コミュニケーションスキルや問題解決力、論理的思考力などの汎用的技能の修得や、チームワークやリーダーシップ、生涯学習力といった態度・志向性、修得した知識を活用し課題を解決できる統合的な学習経験と創造的思考力を求めている。また、社会人基礎力では、前に踏み出す力、考え抜く力、チームで働く力を重視している。知識や技能の習得に留まらない高次な思考力を含んだこれらの能力は「新しい能力」とされる。国際的にも PISA 型コンピテンシーや 21 世紀型スキルが提示されており、「新しい能力」を育むことの必要性が国際社会で認識されている。

　その一方で、日本では 18 歳人口の減少が起きているが、大学進学者数は上昇し、学生の学習動機や学力にばらつきがみられるようになった。大学全入時代において、従来のような知識伝達型の教育では学生にとって受動的な学習となり、自ら問題を発見し、他者とともに解決していく「新しい能力」を育むことが難しい状況に立たされている。

　「新しい能力」を育むためには、学生が主体的に取り組む能動的な学習を推進していく必要がある。そこで日本の大学では 2000 年代後半からアクティブ・ラーニングを導入するようになった。アクティブ・ラーニングは、学習者にとって能動的な学習のことであり、課題の分析、構造化、評価といった高次の思考が求められる学習活動に学生が従事することが求められている（Bonwell *et al.* 1991）。

(2)　アクティブ・ラーニングを魅力的にする ICT の活用

　アクティブ・ラーニングを実践する具体的な方法として、協同学習（協調学習）や PBL（Problem Based Learning, Project Based Learning）などがあげられる。協同学習は学習者が少人数のグループをつくり、共に活動するプロセスを通じて、学習目標に向かうために、学習者が自らの学びと他者の学びを互いに深めていく教育方法である（Smith 1996）。その効果としては、他者と共に学

習に従事するプロセスを通じて、学習者に推論する力がつくこと、新しいアイデアが生成されること、相手の立場を考慮した上で、状況や課題を判断できることが挙げられている (Johnson & Johnson 1989)。

　具体的な手法として「ジグソー法」がある。ジグソー法は、ある問いやテーマに対する下位テーマを各グループで調査し、その調査結果を各グループが報告し合うことを通じて、問いやテーマに対するグループごとの共通点や差異点を明らかにし、ジグソーパズルのように多面的な側面から問いやテーマの全体像を把握し、理解を深める学習法である (Aronson *et al.* 1978)。たとえば、「ICT を導入した教育の背景にはどのような知識観があるのか」を問いに設定したとする。この問いに対して、① CAI (Computer Assisted Instruction: コンピュータ支援による教授活動)、②マルチメディア教材、③ CSCL (Computer Supported Collaborative Learning：コンピュータ支援による協調学習) の 3 つを調べるグループに分かれる。各グループで ICT がどのような目的で教育の場で活用されているのかを調べた後、その結果を全体で報告、議論し合う。こうした活動を通じて、ICT を導入した教育の背景における知識観に対する多面的な理解を促すことができる。ジグソー法では、学習者が調べたいと思えるような問いやテーマの設定、各自が調査した内容や意見の違いの提示、各グループのメンバーが納得できるまで考えること、話すことができる場づくりが重要になる (東京大学大学発教育支援コンソーシアム推進機構 2015)。

　ジグソー法では ICT をどう利用できるだろうか。各自が調べた内容や作成したファイルを WEB 上の共有フォルダに蓄積すると、グループで情報を整理しやすい。授業外に個人で活動した場合は、どんな情報を調べて、その情報を発表にどう活かせそうなのかといった調査のプロセスを LMS (Learning Management System) の会議室機能を利用して共有し合う方法もある。会議室機能を使うことで、授業外に活動をしていて疑問に思ったことをグループメンバーに確認することも可能であるし、各グループの調査結果を比較し、共通点や差異点の確認もしやすい。

　こうしたアクティブ・ラーニングで注意すべきことは、学習者同士の意見交換が活発で、積極的であるという学びの実態が目に見えてわかる外面的な

側面だけではなく、活動を通して学習者が何を学んだのかといった学びの内面的な側面に着目することである。この学びの内面的な側面を把握するためにも ICT を使うことができる。たとえば、学習者同士でディスカッションした成果や調査結果から明らかになったことをグループで共同して WEB 上のノートにまとめたり、レポートにして発表したり、ホームページを作成して公開する方法がある。Google Document 等のフリーのアプリケーションを利用すると、ネット上で他者の意見に自分の意見を付け加えたり、他者の意見を加筆修正したりすることが容易にできる。グループごとに完成させたレポートを WEB で共有し、コメントをし合うことで、学習者は文章をブラッシュアップし、他者と共に知を生成し、深めていくことができる。このように ICT はアクティブ・ラーニングの外面的な側面だけではなく、内面的な側面を深めるためにも利用されている。次節では、これまでの議論を踏まえて、具体的な ICT の活用について紹介する。

3　高等教育における ICT を活用した授業実践

⑴　学びのプロセスを支え、学びの成果を蓄積する LMS

　LMS (Learning Management System) はお知らせ、教材提示、テスト、レポート提出、会議室、アンケート、チャット、成績・出席管理等、教授と学習の両方を支援する機能を備えた学習システムである。LMS を導入した授業は、1990 年代から日本の高等教育において実施されるようになった。文部科学省 (2013) による調査「大学における教育内容等の改革状況について (平成 25 年度)」からは、38.3% の大学が LMS を活用した事前・事後学習の推進をしていることがわかる。

　LMS 開発当初の理念は、教員が授業を効率的、効果的に遂行することを目的としていたが、現在では学習者の学びを深めるためのツールとして使用することもその目的として含まれるようになった。大学では多人数講義が開講されている。学生数が多いとその声を授業に活かすことが容易ではないが、LMS の会議室機能を活用すると多人数でも意見を交換できる。活発な

議論の場を作りたい場合は、ディベートのようにいくつかに意見が分かれるような議題を設定するとよい。たとえば教職科目において「知識伝達型の授業、知識構成型の授業、どちらを採用して授業をしていくことがよいとあなたは考えますか？」と尋ねたところ、学生の意見は大きく分かれ活発な意見交換がなされた。教育は二元論ではないため、本来であればこうした議題で意見交換をすることが望ましいわけではない。しかし、この議論をきっかけに、学生が授業観に対する理解を深めていき、自分なりの意見を生成していく過程を見ることができた。

　また、授業を復習するために LMS を活用する方法もある。たとえば「今日の授業内容を振り返り、＜高等教育において LMS を活用した教育を実施すること＞に対して、これまでの学習経験を踏まえて効果と課題を投稿せよ」という課題を出す。学生は授業のポイントを振り返りつつ、授業外に自らの経験をもとに改めて学習テーマについての理解を深めることができる。教員は投稿された意見を閲覧した上で、学生の理解度を把握し、適宜補足しながら、次の授業を進めることが可能になる。あるいは学生が「量的・質的な研究方法」について学んだあと、「タブレット PC を用いて学んだ学生群と従来型の授業で学んだ学生群の事前・事後テストの結果を比較した」「協同学習において、学生が合意形成をどう導いているのかを分析するために、グループの対話を録音したものを文字起こしし、その結果をカテゴリーに分類した」といった、各事例がどの研究方法にあてはまるのかを小テスト機能を使って回答させる。ほかにも学生が取り組んでいる研究に対してどのような研究方法を採用することが望ましいのかに関して、会議室機能を用いて、受講生で意見を出し合うこともできる。

　LMS の利用方法は教員によって大きく異なる。「知識を伝達することで学生は学ぶ」と考えている知識伝達型の教員は、資料配付や小テストの機能を活用し、いかに知識を習得させるのか、あるいは知識が習得されたかを確認するために LMS を活用する。「学生同士の対話によって知識が生成される」と考えている知識構成型の教員は、学生同士に議論をさせるために会議室機能を用い、グループ活動を円滑に実施するために、グループでのデータ共有

やドキュメントの共同編集の機能を活用する。教員は授業の目的を達成するためにどういった機能を活用することが望ましいのかを判断し、効果的にLMS の機能を使い分ける必要がある。

⑵　学生の声を反映するクリッカー

　学生の声を授業に活かすためのツールとしてクリッカーの利用も増えている。クリッカーとはレスポンスアナライザーとも言われる携帯端末を活用し、学生の応答や理解度を把握するためのシステムである。文部科学省（2013）の調査によると、約 25％の大学がクリッカーを活用した授業を行っている。

　クリッカーを利用するにあたって、教員はまず用意したアンケートやクイズを表記したスライドをスクリーンに表示する。学生はレスポンスカードのボタンで反応を返すと、集計結果がグラフとして瞬時にスクリーンに投影される。教員は学生の理解度を把握できる、双方向の授業を実施しやすくなるといった効果が挙げられる。なお、集計した情報は保存でき、授業記録や学生が授業を振り返るための資料としても利用が可能である。

　たとえば、100 名以上の受講生がいる「教育方法技術論」では、第 1 回目の授業でクリッカーを活用して受講生の前提条件を確認している。「どの科目の教員になりたいのか」を確認することで、教員は授業で取り上げるべき科目や校種の事例を検討できる。ほかにも「教育用語に関する理解度」を確認することで、授業で扱う内容やその説明をどの程度するのかや、学生に何を議論させるのが望ましいのかを考える材料にできる。また前回の授業で実施した内容に関する質問を用意し、クリッカーを活用して学生に回答をさせることで、教員は学生の理解度を確認した上で講義ができる。理工系の学部においてはクリッカーで実験結果を予測させた後、実際に実験をして事前の予想と比較させる事例がある。学生は仮説と結果について議論を深めることができる（岩﨑 2013）。

　このようにクリッカーは、受講生数が多くとも双方向的な授業を展開しやすいツールだといえよう。最近は選択式だけではなく、スマホを活用し記述式で解答ができるシステムもあるため、より多様な利用が期待されている。

⑶　インターネット上で学ぶオープンオンラインコース MOOC

　MOOC（Massive Open Online Course）とは、無料で公開されている大規模な
ウェブ上のオンラインコースである。MOOC はスタンフォード大学、マサ
チューセッツ工科大学、東京大学、京都大学といった著名な大学に属する教
授陣による講義を提供しており、人気のあるコースは登録者数が数百万人を
超える。世界的には Coursera, edX 等が有名で、日本では JMOOC が公開さ
れている。MOOC は講義映像、テキスト、小テスト、総合課題等が提供さ
れており、学生や教員らが参加可能なディスカッションの場もある。例えば、
学習者はコースで提供される動画を視聴した後、理解度を確認する小テス
トに取り組む。その後、総合課題としてレポートを提出し、評価が行われる。
数千人あるいは数万人の受講生に対する評価に関しては選択式のテストによ
る自動採点やピアレビューが採用されている。

　MOOC が注目される中、「反転授業（Flipped Classroom）」という新たな教育
方法も広がり始めている。反転授業は、教員による説明型の講義をオンライ
ンで公開し、学生は授業外にこのコースを視聴する。教員は対面授業で講義
をせず（あるいは講義時間を少なくし）、学生同士の、あるいは教員と学生との
対話を重視した授業を展開する教育方法である。

　反転授業の効果としては、学力格差への対応、アクティブ・ラーニングの
推進、学生の理解を深め成績の向上に役立っていること等が提示されている
（Bergmann and Sams 2012）。今後は、反転授業の受講状況や成績情報を用いた
ラーニング・アナリティクスにより学生の学習状況に応じた教育を提供でき
る可能性も検討されている（船守 2016）。しかし、その一方で、インターネッ
トの接続環境、教材の開発環境などに課題があるといった教員の声が挙げら
れている。加えて、教育内容の部分を動画として取り入れることが効果的な
のか、対面での議論を促すためにはどういった問いを設定することが必要な
のか、あるいは反転授業を取り入れたがどう評価していいのかに困惑してい
るといった声も寄せられている。大学は組織的に教員が反転教育を実施しや
すい支援体制を提供する必要があるといえる。

4　高等教育における ICT を活用した学習環境・学習支援

(1)　学生同士で学びあう教室における ICT の活用

　アクティブ・ラーニングを推進するために、学習者が能動的に学びやすい学習環境を高等教育の現場に設置する必要性が高まってきた。従来のように、教室の前に教卓があり、教卓に向かい合う形で学習者が固定式の椅子に座る形式の教室では、学生同士の意見交換をしたり、グループで活動をしたりすることが容易ではないからである。文部科学省 (2016) が 778 大学に対して実施した「平成 28 年度学術情報基盤実態調査」の結果では、453 大学 (58.2%) がアクティブ・ラーニングのための学習スペースを設置している。この結果は 2011 年度の 2.5 倍増であり、学習スペースのデザインに急速な変化が押し寄せていることがわかる。

　アクティブ・ラーニングを実施しやすい教室には、まずは学生同士が意見交換をしやすいように机の配置を変えることができる可動式の机と椅子が求められる。加えて、学生が議論のプロセスを書き留められるホワイトボードを設置したり、PC を使ってグループでの意見を整理し、議事録をとったり、その結果をモニターで共有したりする機能があればなお良いといえる。このような形式の教室は、今後大学で積極的に取り入れられ、学習者の能動的な学びを支えることになるであろう。

(2)　授業内外の学びを支えるラーニングコモンズにおける ICT の活用

　授業外においても学習者が継続して学べる学習環境の重要性が大学において認識されるようになり、図書館を主軸としてラーニングコモンズを設置する大学が増えている。ラーニングコモンズとは、利用者に対して図書館が持つ機能に加え、情報技術、学習支援を機能的、空間的に統合したものである（McMullen 2008）。現在ラーニングコモンズを設置している大学は、425 大学 (56%) にのぼる（文部科学省 2014）。ラーニングコモンズの構成要素には、コンピュータを使える空間、図書に関するサービスデスク、グループ学習の空間、教員が授業を改善するためのサポートセンター、ICT 機器が整備された

教室、ライティングセンターなどの学習支援、学生や教職員による打ち合わせやイベント等で利用されるスペース、飲食ができる café エリア等である。一般的にラーニングコモンズは図書館に設置されることが多いが、昨今では各大学の状況に応じてラーニングコモンズを講義棟や厚生棟に設置する大学も増えている（岩﨑 2013）。

　ラーニングコモンズでは、電子黒板、パソコン、プロジェクタ等の ICT が提供されており、これらの機器を使って学ぶ学生の姿が見受けられている。2016 年に関西大学においてラーニングコモンズの利用調査をした結果、正課の授業と連動して、学生が授業外にラーニングコモンズを利用していることが明らかになっている。たとえば、秋学期には商学部・経済学部の学生が、ゼミ対抗あるいは大学対抗のプレゼンテーション大会に参加するためにラーニングコモンズを頻繁に利用していた。学生グループは、ビジネスプランを発表するため、コモンズのパソコンを使ってスライドを作成し、プロジェクタを使ってプレゼンテーションの練習をし、ゼミ対抗のプレゼンテーション大会に挑んでいた。教員がアクティブ・ラーニングを促すような課題を提示するのか否かが、ラーニングコモンズの利用には影響があるといえよう。

　今後は、大学に設置したこれらの学習環境を評価、改善し、学生にとってよりよい学習環境を整備していく必要性がある。ラーニングコモンズの評価方法としては、①アンケート調査、②グループワークをしている学生へのインタビュー、③フォトダイアリー（ラーニングコモンズに定点カメラを設置し、ある一定の間隔ごとに写真を撮り、学生の学習の様子を分析する）、④学生が理想的なコモンズのイラストを描き、それに対してインタビューを行う方法等が挙げられる。この調査方法は教室や図書室などの学習環境をどう改善するのかを検討する際にも活用できる。教員は設置目的や利用状況に応じた調査方法を採用し、学習者にとってどのような学習環境が望ましいのかに関する意見を取り上げ、継続的に改善していく必要性がある。

⑶　自律的な学びを支える学習支援における ICT の活用

　ラーニングコモンズでは場所の提供に限らず、学生が自律的に学ぶことを

支える学習支援も行っている。たとえば、レポートや卒業論文に関する相談
ができるライティング支援、外国語の習得をサポートする外国語支援、単位
履修が困難な科目に対する学習相談がある。学習支援とは自律的な学習者の
育成を目指し、学習者の単位取得や学びの質を保証するため、大学がアカ
デミックスキルやリメディアル教育等の教育プログラム、ライティングや
外国語に関する学習相談の機会、e ラーニングなど学生が自主的に学べる教
材、TA やチューター等の教育補助者を配置した学習活動等を提供すること
である（岩﨑ほか 2017）。学習支援で重要な事柄は、学習者がどこまで理解で
きており、どこから理解していないのかといった自分自身の学習状況を把握
し、学習目標を設定すること、またその目標を達成するために学習に関する
情報・教材、どう学ぶべきなのかといった学習方略を取得することである。

　日本ではラーニングコモンズで大学院生や専門職員がチューターとして学
生のライティング支援をする事例が増加している。チューターは自律的な書
き手を育てるために、一方的な添削は行わず、学習者が決めた目標を達成で
きるように質問をしたり、意見を聞いたりして対話を重ねる。しかし学習者
が自ら目標を立てることが困難な場合も多い。そのため、チューターは授業
課題だけではなく、学習者と共に短期や中期の学習目標、計画を立て、学習
者が自律的に学ぶように支えている。学習支援では、従来の授業とは異なり、
教員と学生以外の第三者であるチューターが学習者の学びのプロセスにかか
わる。教員、学生、チューターの関係性をいかに形成していくことが望まし
いのかを検討し、授業や学習支援のデザインに活かす必要があるといえる。

　このライティング支援にも ICT が活用されている。チューターがビデオ
チャットを使ってオンラインでレポート相談を受けたり、LMS を使って提
出されたレポートにコメントを記述したりして（あるいは音声メッセージを
添付して）返却する場合がある。複数のキャンパスにまたがっている大学や
チューターとなる大学院生の数が少ない大学の場合は、オンラインでの支援
ができると便利である。今後はオンラインでのライティング支援と対面支援
での違いや配慮すべき点を明らかにすることが必要になるだろう。

　ライティング相談に加えて、学習者が自律的に学ぶためのライティング用

オンライン教材を提供することも実施されつつある。e ラーニングを用いることで、ライティング相談の時間内では学びきれなかったことを学んだり、自分のペースで学んだりできるという効果がある。

　また、学習者のライティング相談の記録を相談履歴システムに蓄積している大学もある。このデータを分析し、利用者層、ライティングに抱える課題の傾向、相談時期と内容の関連性などを明示化することはライティング支援の活動に活かすことができる。

5　おわりに

　高等教育では LMS の導入、Wi-Fi 環境を整備している大学が多く、初等・中等教育と比較すると、ICT の導入が進んでいる校種だといえよう。最近では特に教室やラーニングコモンズに ICT を整備し、アクティブ・ラーニングを推進しようとする傾向も強い。しかし、ICT を導入すれば、大学の教員が学生にとって効果的なアクティブ・ラーニングを推進できるようになるわけではない。たとえばアクティブ・ラーニングを実施するために、従来の授業に反転授業を導入した教員は、授業外に講義映像を視聴させ、授業内に意見交換の時間を取り入れるようになった。しかし、議論の議題設定や学生が議論に参加するための場づくりに課題をかかえていたことが示された。教育の目標を達成するためには、教員は目標を焦点化させた上で、ICT をどう活用するのが望ましいのかについて授業全体を通して設計をする必要がある。その上で、ICT の教授方法を選択するとともに、学習者がどのように ICT を活用して主体的に学ぶことができるのかについて検討することが求められる。

参考文献
岩﨑千晶 (2013)『大学生の学びを育む学習環境のデザイン―新しいパラダイムが拓くアクティブ・ラーニングへの挑戦―』関西大学出版部

岩﨑千晶，村上正行，遠海友紀，千葉美保子，嶋田みのり (2017)「大学生の学びを生成する学習環境・学習支援のデザインを考える　－ラーニングコモンズ・学習支援の現状分析，支援スタッフの育成－」『大学教育学会第 39 回大会発表要旨集録』: 22-23.

中央教育審議会 (2012)「新たな未来を築くための大学教育の質的転換に向けて～生涯学び続け，主体的に考える力を育成する大学へ～ (答申)」http://www.mext.go.jp/b_menu/shingi/chukyo/chukyo0/toushin/1325047.htm (参照日：2017.1.20.)

東京大学大学発教育支援コンソーシアム推進機構 (2015)「協調学習 授業デザインハンドブック―知識構成型ジグソー法の授業づくり―」http://coref.u-tokyo.ac.jp/legacy/wp-content/uploads/2015/04/handbook_all.pdf　(参照日：2017.9.30.)

船守美穂 (2016)「MOOC と反転学習がもたらす教育改革―デジタル時代・高等教育のユニバーサル化・超高齢社会における大学像―」『ECO-FORUM』31 (2)：26-34.

文部科学省 (2013)「大学における教育内容等の改革状況について (平成 25 年度)」(参照日：2017.1.20.) http://www.mext.go.jp/a_menu/koutou/daigaku/04052801/1361916.htm

文部科学省 (2014)「大学における教育内容等の改革状況について (平成 26 年度)」(参照日：2017.1.20.) http://www.mext.go.jp/a_menu/koutou/daigaku/04052801/1380019.htm

文部科学省 (2016)「平成 28 年度学術情報基盤実態調査」(参照日：2017.1.20.) http://www.mext.go.jp/b_menu/houdou/29/03/1383655.htm

Aronson, E., Blaney, N., Stephan, C., Sikes, J., & Snapp, M. (1978) *The jigsaw classroom*. Sage Publications

Bergmann, J. & Sams, A. (2012) "Flip Your Classroom Reach Every Student in Every Class Every Day". *International Society for Technology in Education* (ISTE), Portland OR.

Bonwell, Charles C. Eison, James A. (1991) "Active Learning: Creating Excitement in the Classroom., *AS HEERIC Higher Education Report No.1*, George Washington University, Washington, DC.

Johnson, D.W., Johnson, R.T. (1989) *Cooperation and competition: Theory and research*. Interaction book Company.

McMullun, S. "US Academic libraries: today's learning Commons", http://www.oecd.org/unitedstates/40051347.pdf (参照日：2017.6.20.)

Smith, K.A. (1996) "Cooperative learning: Making "group work" work". In T.E.Sutherland & C.C. Bonwell (Eds.), "Using active learning in college classes: A range of options for faculty" *New Directions for Teaching and Learning*, No.67. Sanfrancisco: Jossey-Bass

さらに勉強したい人のための文献案内

(1)　溝上慎一 (2014)『アクティブラーニングと教授学習パラダイムの転換』東信堂
アクティブ・ラーニングが大学教育に導入された背景や，理論・教育実践の両面からアクティブ・ラーニングに関する知見が報告されている。アクティブ・ラーニングを推進するための手がかりを学ぶことができる。

(2)　溝上智恵子 (2015)『世界のラーニング・コモンズ』樹村房

学生に向けた学習支援を促すための学習環境として国内外のラーニングコモンズの事例を紹介している。施設面、学習支援の両面から、効果的なラーニングコモンズを構築するために参考になる著書である。

第 15 章　大学生の正課外活動と ICT

時任 隼平

1　はじめに

　本章のキーワードは、「正課外活動」と「ICT 活用」である。特に、大学生が参加する正課外活動において、ICT がどのような役割を担っているのかに焦点を当てる。正課外活動の事例として紹介するのは大学生による高校での授業支援活動である。

　本章は、第 1 節のはじめにを含めた 6 つの節で構成されている。第 2 節では、高等教育機関における正課外活動の実態とそれらを対象とした先行研究の整理を行う。その事により、教師を目指す読者自身の日々のキャンパスライフを振り返り、自身のキャリアプランと正課外活動の関係性について考える。第 3 節では、正課外活動に参加する事によって生じる成長と教師としての就業活動の関係性について論じる。第 4 節では、正課外活動において、ICT がどのような役割を担っているのかを論じる。ここで、本章の 2 つのキーワードが結びつく事になる。第 5 節では、第 1 〜 4 節のまとめとして、大学生の正課外活動を充実させるための ICT 活用について論じる。第 6 節では、章全体のまとめと展望を述べる。

　なお、本章で紹介する事例は時任・久保田 (2011)、時任・久保田 (2013) と時任 (2013) のデータに新たなデータを追加・修正したものである。

2　大学教育における正課外活動の重要性

　正課教育とは、大学が決めたカリキュラムによって展開される教育活動で

ある。最もわかりやすい例として授業がそれに該当する。授業は、DP（ディ
プロマポリシー）や CP（カリキュラムポリシー）と関連づけられており、規定の
評価規準に到達する事をもって単位が付与される。正課外活動とは、そう
いった大学が定めた公式の教育活動以外で学生が自主的に参加するものを指
す。大学のクラブ活動（運動系、文化系を問わず）やサークル活動などの組織
的なものから、有志で集まった短期的なグループによるボランティア活動も
正課外活動に含まれる。

　正課外活動は学生が大学の教員によって強制されて参加するものではない
が、大学教育の一端を担う学びの場としてこれまで重視されてきた。正課外
活動は単に正課教育を補完するものではなく、社会との接点や学生の主体性
を促進する重要な場であるとされてきた。今後も、正課外活動（教育）は大学
教育にとって欠かす事のできないものとして議論されていくと考えられる。

　近年の日本の大学において、学生の約 4 割が正課外活動に参加している。
私立大学学生生活白書（一般社団法人日本私立大学連盟学生委員会 2011; 2015）に
よると 2010 年度の時点で正課外活動参加者数は前年度の 46.5% から 49.5%
へと増加傾向にあったが、それ以降さらに参加率は上昇し、2015 年の時点
で 7 割超となったことが報告されている。このように、日本の大学におけ
る正課外活動は、参加実態のデータからも重要な存在になってきていること
が分かる。では、正課外活動は学生にとって具体的にどのような意味がある
のだろうか。学習内容がカリキュラムによって決められており、専門家であ
る大学教員が評価をする正課教育に比べて、内容や方法、期間の設定が学生
の自由意志に委ねられている正課外活動の成果は学生の成長を評価したいと
考えている教員や、時には学生自身にとっても判断が困難になる。ここから
は、大学教育で展開される正課外活動を対象に行われた調査結果をレビュー
し、その意味（学生にとっての成果）についてまとめる。

(1)　学生の成長に関する大規模実態調査の結果

　正課外活動における学生の学びと成長に関して、河合（2015）は京都大学
と電通育英会が実施した「大学生のキャリア意識調査」の結果を考察してい

る。これは、大学 1 年生と 3 年生の総計 5,408 人からのデータを用いた大規模実態調査である。

　それによると、学生は正課外活動を通した成長に関する項目として、「リーダーシップ」「協調性」「チャレンジ精神」を挙げている。これは、正課教育の「専門分野において研究するための基礎的な学力と技術（学術基礎）」や「将来の職業に専門的知識を生かす応用力（学術応用）」とは内容が随分異なる。河合（2015）の分析では、学生は正課外活動の中で主体性をもって他者と協働し、その中で上記 3 つの力を付けている可能性があることを指摘している。

　しかし、誰でも正課外活動に参加しさえすれば、成長を実感できる訳ではない。河合（2015）は「将来の見通し」（溝上 2010）をもった学生の方が、もっていない学生よりも 20% 近く高く成長を実感していることから、自分の将来にある程度の道筋を立てている学生は、正課外活動と学びをうまく結びつける傾向にあると述べている。つまり、単にやりたい事を好きなだけやるだけではなく、それが将来の自分とどうつながっているのかを意識する必要があるといえる。

　このように、大規模実態調査の結果からは、正課外活動の成果として、リーダーシップや協調性、チャレンジ精神などの項目について成長が示唆されていることを確認した。なお、大学生のキャリア意識調査の詳細は、京都大学・東京大学・電通育英会（2015）を参照されたい。

⑵　スキルに焦点化した調査の結果

　学生の成長を「スキル」の観点から調査した研究もある。例えば、平井ほか（2012）は「日常生活スキル」に着目し、近畿圏にある文系・理系・医学系の 3 大学生（男女共学）2,009 名を対象に質問紙調査を実施している。その結果、4 年生はその他の学年と比べて有意に日常生活スキルが高いことや、体育会所属者（とりわけ集団スポーツ系）も文科系所属や無所属者よりも有意に高いことを指摘している。また、文化会所属者は、対人マナーに関する日常生活スキルが無所属者よりも有意に高いことや、ボランティアサークル所属者やダンスサークル所属者は、全般に高い日常生活スキルを示すことが示唆され

るなど、所属組織によって生じる特徴的なスキルの伸びが確認されている（平井ほか 2012）。

　その他にも、正課外活動と学生が卒業後に社会人として就業活動をする際に必要となる社会人基礎力を結びつけ分析した研究もある。清水・三保（2013）が関西大学社会学部卒業生 295 名を対象に実施した調査では、クラブ活動等の正課外活動が規律を守る意識や状況把握力、主体性、柔軟性と関連している事が明らかにされており、加えて大学時代の正課・正課外の活動が社会人となってからの総合的な解決力や耐久力、関係力に影響を与えている事が示唆されている。また、時任・久保田（2013）は大学時代の授業支援活動に参加した学生 6 名を対象にインタビュー調査を行い、企画立案やプレゼンテーションに関するスキルが卒業後も生かされていることを明らかにしている。

　このように、近年のさまざまな研究によって正課外活動は日常生活や社会人として必要なスキルの習得につながっている事が明らかにされてきており、これらの結果は大学における正課外活動を促進していく十分な根拠となりうると言える。

⑶　正課外活動の役割に関する研究の結果

　これまで紹介してきた学生の成長やスキル習得に関する先行研究で明らかになったことは、正課教育の活動と正課外活動では、役割が異なるということだ。学生の視点から汎用的技能獲得に関する調査を 657 名の大学生を対象に起こった山田・森（2010）では、正課と正課外では獲得する汎用的技能に有意な差があることを指摘している。たとえば正課の場合、情報リテラシーや外国語運用能力が有意に高く、正課外では社会的関係形成力や持続的学習・社会参画力等があげられる。山田・森（2010）はこの調査を通して「正課と正課外は汎用的技能獲得において異なる役割を果たしている」と考察しており、それはその他の先行研究と合致している（例えば、溝上 2009）。

　正課外活動は、正課に比べて学生の成長につながる要因や活動の特徴を明らかにすることが困難になる傾向にある。今後は、活動の内容や期間など正課外活動そのものの属性を明確にした上で、その効果について研究知見を重

ねていく事が必要になると考えられる。

　本章では、多様な正課外活動の中でも高校教師を目指す学生たちによる高校教育現場での授業支援活動を取り上げ、次節でそこでの学び等に関する詳細を説明する。

3　正課外活動は、教師を目指す学生にとってどのような意味があるのか

　教師を目指す大学生にとって、「教育実習」の授業は実践的な授業技能の向上や自身の適正を確認するための重要な場である。これまで、教育実習が教師志望の学生に及ぼす影響に関して、数多くの研究が行われている。たとえば、子ども観に関する変化や授業観察力の変容などが報告されてきた。これらの研究から、大学の講義室で話を聞くだけでなく、実際に教育現場に赴き、自ら授業を行う事を通して学ぶことの重要性がわかる。

　近年では、こうした学びの機会は教育実習以外にも設けられるようになった。たとえば、学校ボランティアやスクールインターンシップがそれにあたる。先述した正課外活動の成果に加え、学校教育現場で正課外活動として参加することの効果についてもさまざまなことが明らかにされてきた。中学校での学校ボランティアに参加することで学生の対応力や生徒理解力、問題解決力が身についたり授業中に取る手立てに関する意思決定の幅が広がったりするなど、教育実習と同様に教育現場だからこそ学ぶことができるものがあるといえる。本節では、これらの先行研究の中でも、高校教師を目指す大学生による高校での正課外活動の成果を教師の授業力の観点から説明する。

⑴　学校教育現場での正課外活動の効果

　事例は、大阪府の公立 A 高校での授業支援活動である。この事例は、第 4 節でも引き続き事例として用いるため、詳細を説明する。

　この活動には、A 高校の近くにある Z 大学の学生が参加している。学生たちは教科「情報」の教職課程を受講しており、授業中にアナウンスされた

学校ボランティアの情報を聞き、興味をもって参加した者たちである。活動は 2002 年に始まり 2017 年現在も継続しており、活動は大学の授業とは切り離した形で実施され、無報酬の正課外活動に位置づけられる。学生は、週3〜4度授業に入り授業支援を行い、学生のみの会議と教師との合同会議を週に 1 度ずつ設けている。会議では教材作成や授業支援の方法等について議論を行っている。

　時任・久保田（2011）は、A 高校での授業支援活動に 2 年間参加し、卒業後、公立高校で勤める 2 名の教師にインタビューを実施した。インタビューの記録を教師の授業力である「信念」「知識」「技術」の観点から分析した結果、A 校での授業支援という正課外活動は授業に対する「信念」と「教材内容・教授方法の知識」に関する授業力形成につながっていることが明らかになった。

　しかし、単に正課外活動に参加すれば良いというわけではない。この研究では、授業支援活動に参加している期間、どのような他者とやり取りしていたのかに着目した分析も行っている。その結果、現場の「指導教師―学生のインフォーマルな関係」と「授業支援活動の仕組み」、「チームとしての一体感」が力量形成につながる重要な要素であることが指摘されている。「指導教師―学生のインフォーマルな関係」とは、教師と学生の関係が正式に「指導する側／される側」と位置づけられている訳ではないが、実際にはその関係が成立していることを意味する（時任・久保田 2011）。正課外活動は教育実習のように大学の単位として認定されないため、授業日誌や模擬授業などは行わず、高校教師に学生を指導する義務はない。しかし、時任・久保田（2011）の事例では、高校教師は学生の指導を授業中や授業準備中に行っており、教育的意識をもって学生とかかわっていたことが明らかになった。また、授業支援活動は単に学生が各自のやりたいことをやるのではなく、「授業支援活動の仕組み」に従って行為していることがわかった。その仕組みは、活動組織内に一定の決まりがあり、その決まりに基づいた活動が 2 年間の活動サイクルで成り立っている。学生は、その仕組みの中で活動を続け、仲間との関係性を築き、「チームとしての一体感」を作り上げていることが示唆された。

　この調査からいえることは、第 1 に授業支援活動等の学校教育現場を

フィールドとした正課外活動は、教師を志望する学生にとって意味のある学びの場になるということである。近年、教員養成課程では実習期間の分割や実習生が長期間、教育現場にかかわる機会を設ける事例が増加しており、従来よりも長い期間をかけて学校現場で学ぶことが注目されてきた。この事例での正課外活動は、まさしくこの特徴をもち、学生の授業力の向上につながったといえる。

　第 2 に、学生の成長には、他者の存在が不可欠だということである。この調査では、高校教師や授業支援を担う他の学生とのかかわりの中で、人間的な成長をしていることが指摘された。単に、複数の人が集まっただけの集団ではなく、チームとしての一体感をもつことが重要な要素であるといえる。正課外活動の場に身を置くだけでなく、積極的に周りの他者とのかかわりをもつことが重要である。

4　高校教師を目指す学生は、正課外活動でICTをどう利用するのか？

　ここでは、これまでと同様に時任・久保田 (2011) で取り上げた公立 A 高校での授業支援活動に加え、同様の授業支援を公立 B 高校、私立 C 高校へと活動を拡大した事例について考察する。なお、データは時任 (2013) をもとに ICT 利用に関する箇所を用いたものである。

表 15-1　研究の対象となった学生と教師

事例校	事例継続期間（調査当時）	対象学生数	対象教師数
A 校	2002 年〜 2011 年	21 名	3 名
B 校	2005 年〜 2011 年	12 名	2 名
C 校	2005 年〜 2011 年	7 名	2 名

(時任 2013)

　表 15-1 は、事例校および活動継続の期間、参加学生の数、参加した教師数を一覧にしたものである。これら 3 つの事例は、調査段階（2011 年）で最長 9 年続いている正課外活動であり、学生たちが活動設立当時から ICT を用いている。具体的には、メーリングリストや SNS を利用しており、学生間、

学生―教師間で活用している。ここでは、A 校のメーリングリストに投稿された メール 7,621 通、B 校 2,821 通、C 校 844 通およびインタビュー調査の分析結果を用いて正課外活動における ICT の役割について解説する。インタビュー時間は、学生が平均 109 分、教師は平均 107 分であった。

⑴　正課外活動における ICT の役割

　図 **15-1** は、高校での授業支援を通した正課外活動において ICT の果たす役割について活動システム（山住 2004）を援用して示したものである。太字（ゴシック体）の部分は、正課外活動を進める上で特に重要な項目である。以下に詳細を説明する。

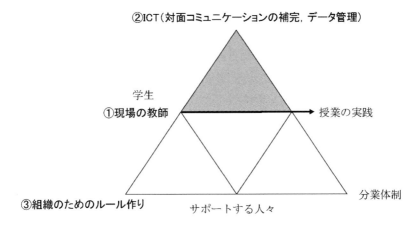

図 15-1　高校の授業支援活動の活動システム

(著者作成)

　図 15-1 中の灰色の三角は、正課外活動の主体（教師と学生）が授業実践を行う際に、ICT を媒介していることを表している。この活動の特徴は、行為の主体には学生だけでなく、①現場教師を含んでいることである。通常、正課外活動に学生以外の人がかかわるわけではない。学生だけで活動を行うことも多々あるといえる。しかし、学生が高校で行う正課外活動には、現職の教師がメンバーとして必ずかかわる。なぜなら、フィールドは実際の学校現

場であり、そこでの責任者は必ず教師でなければならないからだ。実際の学校現場における学生の正課外活動においては、学生だけで活動するということはほぼ無いことを理解しておく必要がある。

　学生と現場教師が協同して授業を行う時にはさまざまな媒介物があるが、その中で ICT がもつ役割は、②対面コミュニケーションの補完とデータ管理である。これは、3 つの正課外活動全てに共通する特徴であり、2002 年〜 2011 年という 9 年の月日（B 高校、C 高校に関しては 6 年）を経ても基本的な役割として変わらなかったことである。**図 15-2** は、高校での授業支援活動の仕組みを表したものである（時任・久保田 2013）。教師が授業前に教材研究等準備を行うのと同様に、授業支援活動にもそのための準備が必要になる。この事例では、学生のメンバーだけで行う準備の場（図 15-2 の学生会議）と学生と教師が共に準備を行う場（図 15-2 の合同会議）が対面で設定されており、メーリングリストが対面のコミュニケーションを補完する役割を担っている。ここでいう補完とは、話し合った内容の Web 上での共有やスケジュールの再確認、意見収集等を意味している。メーリングリストは ICT として重要

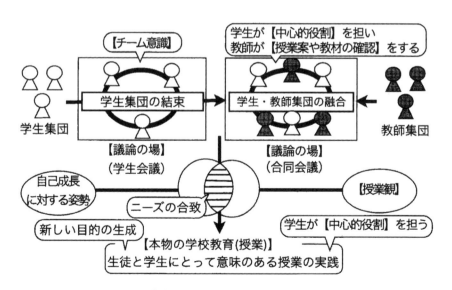

図 15-2　授業支援活動における学生と教師の融合の場

（時任・久保田（2013）を追記）

な役割を果たしているものの、それだけでは正課外活動の準備は十分ではない。会議の場が大学の研究室だけでなく、図書館や学生の個人宅、ファミリーレストランにまで拡張し、打ち合わせを行っていた（時任 2013）。このことは、ICT 活用はあくまでも補完的なものであり、対面で行う活動が不可欠であることを示している。

　ICT のもう一つの役割は、データ管理である。「データ」とは、授業で実際に使った教材や会議記録など、活動に関係する書類や映像、音声を意味する。「管理」とは、単にサーバー上に保存するだけでなく、年度をまたいでデータを蓄積し、次年度に参加する学生が過去のデータを閲覧できる状態にすることを意味している。新しく活動した学生が過去の記録を活用しながら現在の活動の参考にすることで、正課外活動そのものが成熟していくと考えられる。

　「③組織のためのルール作り」とは、学生と教師が円滑に活動を進めていくための決まりをチームとして作っていくことを意味する。ルールの経年変化を見ていくと、2002 年度には生徒指導に関するルールしか設けられていなかったが、翌 2003 年からは道具使用のルールとして、会議室や情報共有等に関するルールが追記されている（時任 2013）。この時作られたルールは、2003 年度以降も維持され、長期間継続する授業支援活動のシステムとして機能している。情報共有に関するルールには、ICT の使い方も含まれる。メーリングリストの投稿内容やフォーマットなどが議論され、チームとしてより活動しやいように対策が取られていた。授業支援活動で ICT を活用する際には、活動チームとしてのルールに加え、ICT 活用に関するルールも設ける必要があるといえる。

5　正課外活動を充実させるための ICT 教育

　第 1 ～ 4 節では大学教育における正課外活動の意義、高校教師を目指す大学生にとって参加することの意義、ICT の役割について解説してきた。ここでは、総論として正課外活動を充実させるための ICT 活用について論じる。

⑴　他者との協働の場面で ICT を活用する力を育成すること

　本章で紹介した ICT は主にメーリングリストとファイルサーバーであるが、調査対象の実践が行われていた 2002 年〜 2011 年と比べ、現在（2017 年）では随分 ICT の整備が充実してきた。当時、メーリングリストへのアクセスや投稿はＰＣを用いることが多かったが、現在ではスマートフォンやタブレット PC 等のデバイスが普及してきたため、デバイスの選択幅が広がり、利用頻度は増してきた。また、LINE や Facebook、Twitter 等のアプリケーションが普及したことにより、用いる ICT 自体がより便利になったと考えられる。

　現在、重要なことの 1 つとして挙げられるのは、学生自身が ICT を「使いこなせる状態」にするためのトレーニングをする必要性である。人と道具の関係を考えた時、使用者にとってその道具が、身体の一部のような感覚になるくらい使えれば、パフォーマンスも高まる。たとえば、スポーツ用品（シューズやスティックなど）がわかりやすい例として挙げられる。それは日常の生活や正課外活動でも同様である。また、学生は単に他者とコミュニケーションを取る道具として ICT 活用に慣れるだけでなく、「他者との協働における ICT 活用」について自身と一体化するまで慣れることである。たとえば、時任ほか（2017）が行った一般教養科目におけるプロジェクト学習の事例では、受講生がプロジェクト学習を進める手続きをサポートする必要性が明らかにされた。ここでいう手続きとは、ビデオチャットや web 上でのファイル共有など協働をサポートする ICT 利用に関する「〜のやり方」を含んでいる。つまり、現代の学生は日常的にディジタルデバイスを使ってはいるが、プロジェクト学習のように他者と協働する場面においては十分に使いこなしていない。先述したように、正課外活動では学生同士や現場教師との協働活動であり、チームとして活動する。その際に、学生同士が普段行う日常会話以上のコミュニケーションの技術や知識が求められる。

⑵　成長を記録・共有する媒体として ICT を活用する力を育成する

　本研究で明らかになった正課外活動における学生の成長は、すべてインタビューや当時の活動記録を研究者が分析して明らかにしたものである。しか

し、本来ならば学生自身が自らの成長を自覚し、チーム内でも共有し、「学びあう共同体」へと発展していくべきである。紹介した 3 つの事例では、そこまでの発展を確認することはできなかった。

　今後は、学生や現場教師が自己の成長やチームとしての成長について ICT を使って収集・共有し、学生自らの成長と組織としての成長をリンクさせることで、正課外活動がより充実したものへと変わっていくと考えられる。そのためにも、常日頃から学生は自分自身の成長に関するログを取り、他者からのフィードバックを参考に成長を自覚できるような ICT 活用が今後求められてくる。

6　まとめと展望

　本章では、正課外教育と ICT 活用の 2 つのキーワードを使って、学生にとって正課外活動にはどのような意味があるのか、そして活動を充実させるための ICT 活用について解説をしてきた。

　留意しなければならない事は、正課外教育においても ICT 活用においても、それらは社会と密接なかかわりをもつが故に生じる可変性をもつということである。この章では、正課と正課外は相互に補完的な関係であり、正課で学生が学ぶ内容と正課外で学ぶ内容には相違点がある事を具体的な事例と共に紹介してきた。しかしながら、大学教育の変革がより一層求められる未来の社会において、正課で学ぶことと正課外で学ぶことの内容に変化が生じる可能性は大いにある。つまり、重要なことはこの章に書かれている内容は 2000 年から 2017 年までの高等教育の 1 つの側面を表したものである事を読者が自覚するとともに、読者自身が自分の生きる社会 (時代) との対比の中で自己にとっての正課外活動と ICT 活用について考えることだと言える。

　正課外活動は、非常に可変的である。そして、学生はその中で柔軟に自らの活動へのかかわり方や ICT 活用の方法を変えていく必要がある。この本を読んでいる読者の皆さんは、今どのような社会を生きているのだろうか。その社会において、読者は正課外活動に何を求めているのだろうか。現在正

課外活動に参加している学生や今後参加を検討している読者の皆さんは、まずは「社会と正課外活動、自己と正課外活動」から考え始めてはいかがだろうか。そのようにして成し遂げた事は、きっと素晴らしい経験値となって読者の今後の人生に生きてくるだろう。この提案を今後の展望とすることで本章を結ぶ。

参考文献

一般社団法人日本私立大学連盟学生委員会 (2011)「私立大学生活白書 2011」

一般社団法人日本私立大学連盟学生委員会 (2015)「私立大学生活白書 2015」

河合亨 (2015)「正課外教育における学生の学びと成長」『大学時報』32：34-41

京都大学高等教育研究開発推進センター・東京大学大学総合教育研究センター・電通育英会 (2015)『大学生のキャリア意識調査 2007-2010-2013 年の経年変化』

清水和秋・三保紀裕 (2013)「大学での学び・正課外活動と「社会人基礎力」との関連性」『関西大学社会学部紀要』44 (2):53-73

時任隼平 (2013)「高等教育における正課外活動のデザインに関する研究―授業支援活動を事例として―」関西大学審査学論文.

時任隼平・久保田賢一 (2011)「高等学校におけるティーチングアシスタントの経験がもたらす教師の授業力量形成への影響とその要因」『日本教育工学会論文誌』35 巻増刊号 (Suppl)：125-128

時任隼平・久保田賢一 (2013)「卒業生を対象とした正課外活動の成果とその要因に関する研究」『日本教育工学会論文誌』36 (4):393-405

時任隼平・中野康人・中村洋右・佐永田千尋 (2017)「プロジェクト学習においてラーニングアシスタントに必要な能力に関する考察」『関西学院大学高等教育研究』第 7 号：89-97

平井博志・木内敦詞・中村友浩・浦井良太郎 (2012)「大学期における課外活動の種類とライフスキルの関係」『大学体育学』9:117-125

溝上慎一 (2009)「「大学生活の過ごし方」から見た学生の学びと成長の検討―正課・正課外のバランスのとれた活動が高い成長を示す」『京都大学高等教育研究』15：107-118

溝上慎一 (2010)「現代青年期の心理学―適応から自己形成の時代へ」有斐閣

山住勝広 (2004)『活動理論と教育実践の創造―拡張的学習へ―』関西大学出版部

山田剛史・森朋子 (2010)「学生の視点から捉えた汎用的技能獲得における正課・正課外の役割」『日本教育工学会論文誌』34 (1)：13-21

さらに勉強したい人のための文献案内

(1)　桜井政成・津止正敏 (2009)『ボランティア教育の新地平―サービスラーニングの原理

　　と実践－』ミネルヴァ書房
　正課外活動の 1 つの形である、地域への貢献活動の中で学びを生む「サービスラーニング」
　について解説している。地域への貢献活動は、具体的に学生のどのような学びに繋がっ
　ているのかをさまざまな事例と共に紹介している。

⑵　森川正樹 (2017)『できる先生が実はやっている教師力を鍛える 77 の習慣』明治図書
　教師の仕事を充実させるためのアイテムや考え方、習慣を簡潔に読み易く紹介している。
　学校教育現場での正課外活動に取り組む際に、是非読むことをお勧めする。

あとがき

　21世紀型スキルやキー・コンピテンシーなどに示されるように、子ども
たちが身につけなければならない資質・能力が、これまで以上に求められる
時代になってきました。このような資質・能力を育成するために、ICTを活
用したアクティブ・ラーニングを取り入れた効果・効率的な授業が期待され
ています。その期待に応えようと、多くの教師は、グループワークやディベー
トを取り入れたり、ICTを活用したりして、日々努力を積み重ねていると思
います。しかし、新しい機器やアクティブラーニングの方法をどのように活
用すべきか、なかなかうまく実践できずに悩んでいるのではないでしょうか。
本書はそういった不安や悩みに答えようと執筆されました。
　しかし、本書は「ICTをこうして活用するとうまくいきます」といったハ
ウツー本ではありません。そういったことを期待された読者の方は、がっか
りされたかもしれません。授業で扱う具体的な手法やテクニックはこれまで
にたくさんの本が出版されていますので、そちらを参照してもらえればと考
えました。本書の目的は、ICTを活用したアクティブ・ラーニングを実践す
るためには、どうしたらよいかを考える材料を提供することです。「ICTを
取り入れた正統的なアクティブ・ラーニングの手法」を手に入れ、それをそ
のまま実践できると考えているとしたら、それは大きな間違いだと私は考え
ています。教え方を変えたり、新しくICTを導入したりしただけでは、学
習の成果は変わりません。教育には、私たちがコントロールすることの出来
ない多くの要因が複雑にかかわっています。マニュアルを手に入れて、マニュ
アル通りに実践してもうまくいかないことは明らかです。マニュアルに沿っ
て教えれば良いとするならば、私たちの思考は停止してしまいます。
　学び手が主体的になり、仲間と協働して活動し、深く学ぶようになるには、
私たち、教え手自身も主体的、協働的にならなければいけません。加えて、
より大きな枠組みから学びを捉え直していくことが大切なのです。そのため
には、教室の中のことだけを考えるのではなく、広く社会に目を向ける必要

218

があります。現代社会にはさまざまな課題があります。まずそれに目を向け
て、学びとのかかわりをしっかり押さえておくことが大切です。紙面の関係
上、ここでは２つの現代社会の課題について考えてみましょう。

　第一の課題は、いま、世界情勢がとても内向きになっていることです。例
えば、アフリカや中東などでは、内戦やテロなどで多くの難民がでています
が、多くの国ではその受け入れに対して否定的な態度を示しています。ヨー
ロッパに向かって100万人を越える難民が移動しています。この動きに対し
て、難民を受け入れることで地域の治安が悪化する、自国民の就職の場が奪
われる、と難民や移民の流入に反対の声が上がっています。その一つの表れ
としてイギリスがEUの離脱を宣言しました。ヨーロッパの国々では、極右
政党が人気を集め、政権に迫るいきおいです。アメリカでもトランプ大統領
が生まれ、メキシコの国境に壁を作る、中東からの入国を禁止するなど、ア
メリカ第一主義を掲げて、異質な人たちを排除しようとしています。それで
は日本はどうでしょうか。難民の受入はほとんどされていませんし、労働力
不足があるにもかかわらず外国人を正式に受け入れようとしていません。

　異質な人を拒否し、同じと見なされた人たちだけが集まるところに多様な
視点は生まれません。そして、居心地のよい同じ意見の中にいることで、私
たちの思考は停止してしまいます。そこには、同質な人たちの作り出した「正
解」はありますが、それは内側だけに成立する正解に過ぎません。「私たち」
と「異質な人」たちの境界は明確になり、そのギャップはますます広がって
いきます。そして「私たち」内側にいる人たちの思考は、「正解」を手にした時
点で停止してしまいます。大人の世界では異質な人たちを拒否しているにも
かかわらず、子どもたちに「異質な人たちと交流する」ことを促すことが出
来るのでしょうか。

　第二の課題は、技術革新が急激に進み、どのような人材が社会で求めら
れるのか予測が難しくなったことです。近年、人工知能（AI）の開発が進み、
これまで難しかった画像認識や自動翻訳などの技術が急速に高まってきたこ
とです。AIによる自動運転技術が普通の道路でも利用できるようになると、
車の運転手の需要はなくなるでしょう。これまで人間が担ってきた多くの仕

事は、AIに取って代わられる時代がきます。それでは人間にしかできない仕事とはどのようなものでしょうか。私たちにはより高度な認知的能力が求められるだけでなく、リーダーシップや学び続ける意欲、コミュニケーション力など非認知的能力もますます求められるようになってきました。こういった人材を育成するには、どのような教育をしていく必要があるのでしょうか。

　第一の課題に立ち向かうためには、「異質な人たちと協働する」事の大切さを私たち全体で共有していくことが大切です。そして、「教育が私たちの未来を作る」という強い信念のもと、主体的に子どもたちとかかわり、対話を通して合意を形成することの大切さを教えていくことです。それは、地道な努力になりますが、異質な人たちと共に学ぶ体験を教育の中でしっかりと用意して、子どもたちはその体験を通して異質な人とのかかわりの重要性を学んでいくことが求められます。

　第二の課題には、AIに対抗するのではなく、AIと共存していく方向性を見つけ出すことではないでしょうか。私たちは、人類の誕生から始まり、何十万年の間、道具を使いこなしてきました。道具を効果的に使いこなすことで人類は発展してきたといえます。道具を相互作用的に使いこなすことで、新しい可能性が生まれます。それには、学習観を変えていくことが必要です。これまで、私たちは学習とは、「教科書に書かれた知識を獲得する」ことだと思っていました。道具の使い方が書かれたマニュアルを覚えて、それに従って使えば良いと考えていました。しかし、それでは未来を見通すことが難しい現代社会に対応することは出来ません。学習とは個人が知識を獲得することではなく、周りの人や人工物と相互作用を起こしながら、問題を解決していくことであるという、学習概念の再定義が必要です。「有能さ」は、個人に属する資質・能力として個人の内側から出現するのではなく、ある環境におかれている人や人工物との相互作用を通して立ち現れてくると考えます。その関係性の中で、その集団全体のパフォーマンスとして有能さが顕在化されるようになると捉え直すことです。

　これらの課題に取り組むに当たって、ICTを活用したアクティブ・ラーニ

ングは、一定の役割を果たすことが期待されています。しかし、良い授業を
実践するためのリストを作り、その通りに実践してもうまくいかないことは
前述したとおりです。教育にはどこにでも当てはまる「正解」は存在しませ
ん。また、「正解」通りに実践することで、私たちの思考は停止してしまいます。
よい授業をするための方法には多様な道筋があります。学習者に真摯に向き
合い、さまざまな要因を考慮する中で、私たち自身が主体的に環境に働きか
け、周りの人や人工物との相互作用を通して、学習を深めていくことが大切
です。その時、ICT を活用したアクティブ・ラーニングの手法は大きな助け
になるでしょう。

　2018 年 5 月

久保田賢一

●執筆者紹介

【編著者】
久保田 賢一（くぼた けんいち）（第 1・2・6 章）あとがき
今野 貴之（こんの たかゆき）まえがき（第 1・4 章）

奥付参照

【執筆者】（執筆順）
泰山 裕（たいざん ゆう）（第 3 章）
　鳴門教育大学大学院 学校教育研究科　准教授
　専門：思考力育成、情報教育
　［共著］「体系的な情報教育に向けた教科共通の思考スキルの検討〜学習指導要領と
　　その解説の分析から〜」『日本教育工学会論文誌』37（4）：375-386、2014。「思考
　　スキルの理解度と学力調査の正答率の関連に関する分析」『日本教育工学会論文
　　誌』39（Suppl）：1-4、2016。

寺嶋 浩介（てらしま こうすけ）（第 5 章）
　大阪教育大学大学院 連合教職実践研究科　准教授
　専門：教師教育
　［共編著］『教育工学アプローチによる教師教育』ミネルヴァ書房、2016。『タブレッ
　　ト端末で実現する協働的な学び』フォーラム・A、2014。

岸 磨貴子（きし まきこ）（第 7 章）
　明治大学 国際日本学部　准教授
　専門：学習環境デザイン、国際教育協力、異文化間教育
　［共著］『異文化間教育のフロンティア』明石書房、2016。『大学教育をデザインする
　　―構成主義に基づいた教育実践―』晃洋書房、2012。
　［翻訳共著］『質的研究の理論的基盤―ポスト実証主義の諸系譜』ナカニシヤ出版、
　　2018。

稲垣 忠（いながき ただし）（第 8 章）
　東北学院大学 教養学部　教授
　専門：情報教育、教育工学
　［単著］「タブレット端末を活用したプロジェクト学習の設計と実践」『教育メディア
　　研究』23（2）：69-81、2015。
　［編著］『授業設計マニュアル Ver.2 〜教師のためのインストラクショナル・デザイ
　　ン』北大路書房、2015。
　［共編著］『情報教育・情報モラル教育』ミネルヴァ書房、2017。

中橋 雄（なかはし　ゆう）（第 9 章）

武蔵大学 社会学部　教授

専門：メディア・リテラシー論、教育工学

[単著]『メディア・リテラシー論～ソーシャルメディア時代のメディア教育』北樹出版、2014。「新しい知を創造する学習における ICT 活用」『公益財団法人日本教材文化研究財団　研究紀要』43:40-45、2014。

村川 弘城（むらかわ　ひろき）（第 10 章）

日本福祉大学 全学教育センター　助教

専門：教材開発、教育工学

[単著]「数学的な考え方を育成するカードゲーム型学習教材「マスピード」の評価」『日本教育工学会論文誌』37（4）387-396、2014。

[共著]『ゲームと教育・学習（教育工学選書 II）』ミネルヴァ書房、2017。

亀井 美穂子（かめい　みほこ）（第 11 章）

椙山女学園大学 文化情報学部　准教授

専門：情報教育、ワークショップ

[共著]『メディアと人間―メディア情報学へのいざない』ナカニシヤ出版、共著、2014。「ワールドミュージアム―志を広げる多文化異年齢コラボレーション」『日本教育工学雑誌』第 37（3）299-308、2013。

塩谷 京子（しおや　きょうこ）（第 12 章）

放送大学　客員准教授

専門：教育工学、学校図書館論、情報リテラシー教育

[単著]「初等教育（小学校）における情報リテラシー教育―情報リテラシー教育を推進するための視点―」『情報の科学と技術』，Vol.67、No.10、pp.527-532、2017。

[単編著]『すぐ実践できる情報スキル 50―学校図書館を活用して育む基礎力』ミネルヴァ書房、2016。

山本 良太（やまもと　りょうた）（第 13 章）

東京大学大学院 情報学環　特任助教

専門：インフォーマル学習、教育工学

[共著]「支援学校教師の主体的な行動を促す外部人材との連携に関する研究：テレプレゼンスロボットの活用を事例として」『教育メディア研究』24（1）：89-104、2017。「ラーニングコモンズでの主体的学習活動への参加プロセスの分析：正課外のプロジェクト活動へ参加する学生を対象として」『日本教育工学会論文誌』40（4）：301-314、2017。

岩﨑 千晶（いわさき　ちあき）（第 14 章）
　関西大学 教育推進部　准教授
　専門：大学教育、教育工学
　[編著]大学生の学びを育む学習環境のデザイン―新しいパラダイムが拓くアクティ
　　ブ・ラーニングへの挑戦』関西大学出版部、2014。
　[共著]『アクティブラーニング型授業としての反転授業［理論編］』ナカニシヤ出版、
　　2017。

時任 隼平（ときとう　じゅんぺい）（第 15 章）
　関西学院大学 高等教育推進センター　専任講師
　専門：サービスラーニング，教育工学
　[共著]主要業績：『大学におけるアクティブ・ラーニングの現在―学生主体型授業
　　実践集―』ナカニシヤ出版、2016。「卒業生を対象とした正課外活動の成果とその
　　要因に関する研究」『日本教育工学会論文誌』35（4）、2013。

索引

人名索引

アルファベット

【編著者】

久保田 賢一（くぼた　けんいち）
関西大学 総合情報学部　教授
経歴：米国インディアナ大学大学院教育システム工学専攻修了。Ph. D.（Instructional
　Systems Technology）高校教師、国際協力専門家を経て現職。英国レティング大学
　客員研究員、米国ハワイ大学客員教授 歴任。
専門：学習環境デザイン、国際教育開発、開発コミュニケーション
［編著］『大学教育をデザインする─構成主義に基づいた教育実践』晃洋書房、2012。『つ
　ながり・協働する学習環境デザイン─大学生の能動的な学びを支援するソーシャル
　メディアの活用』晃洋書房、2013。『ICT教育の実践と展望─ディジタルコミュニケー
　ション時代の新しい教育』日本文教出版、2003。

今野 貴之（こんの　たかゆき）
明星大学 教育学部　准教授
経歴：関西大学大学院 総合情報学研究科 総合情報学専攻 修了。博士（情報学）。目白
　大学 社会学部 メディア表現学科 助教、明星大学 教育学部 助教を経て、現職。
専門：教師教育、授業研究、国際教育協力
［単著］「国際交流学習における教師と連携者間のズレとその調整」『日本教育工学会論
　文誌』、第40巻4号、pp.325-336、2017。「1人1台タブレット端末環境における学
　校放送番組活用のための手立て」『日本教育工学会論文誌』、40（Suppl）、pp.101-104、
　2016。
［共著］『メディアと表現』学文社、2014。

［新装版］
主体的・対話的で深い学びの環境とICT──アクティブ・ラーニングによる資質・能力の育成

2018年6月20日　初版第1刷発行　　　　　　　　　　　　　　　　　　〔検印省略〕
2020年3月31日　初版第2刷発行
2022年5月10日　新装版第1刷発行

*定価はカバーに表示してあります。

編著者 © 久保田 賢一，今野 貴之　　　発行者　下田勝司　　　印刷・製本　中央精版印刷

東京都文京区向丘1-20-6　郵便振替 00110-6-37828　　　　　　　　発 行 所
〒 113-0023　TEL 03-3818-5521（代）　FAX 03-3818-5514　　　株式会社 東 信 堂
Published by TOSHINDO PUBLISHING CO.,LTD.
1-20-6, Mukougaoka, Bunkyo-ku, Tokyo, 113-0023, Japan
E-Mail: tk203444@fsinet.or.jp　http://www.toshindo-pub.com

ISBN978-4-7989-1780-1　C3037　　©2018 Kubota Kenichi, Konno Takayuki

東信堂

アクティブラーニング型授業の基本形と生徒の身体性　溝上慎一　一〇〇〇円

アクティブラーニングと教授学習パラダイムの転換　溝上慎一編著　二四〇〇円

グローバル社会における日本の大学教育
―全国大学調査からみえてきた現状と課題　河合塾編著　三八〇〇円

大学のアクティブラーニング
―全国大学調査からみえてきた現状と課題　河合塾編著　三二〇〇円

「学び」の質を保証するアクティブラーニング
―3年間の全国大学調査から　河合塾編著　二〇〇〇円

「深い学び」につながるアクティブラーニング
―全国大学の学科調査報告とカリキュラム設計の課題　河合塾編著　二八〇〇円

アクティブ・ラーニングでなぜ学生が成長するのか
―経済系・工学系の全国大学調査からみえてきたこと　河合塾編著　二八〇〇円

附属新潟中式「3つの重点」を生かした確かな学びを促す授業
―教科独自の眼鏡を育むことが「主体的・対話的で深い学び」の鏡となる！　新潟大学教育学部附属新潟中学校編著　二〇〇〇円

主体的・対話的で深い学びの環境とICT
―アクティブ・ラーニングによる資質・能力の育成　今野貴之編著　二三〇〇円

ICEモデルで拓く主体的な学び
―成長を促すフレームワークの実践　久保田賢一編著　二〇〇〇円

社会に通用する持続可能なアクティブラーニング
―ICEモデルが大学と社会をつなぐ　土持ゲーリー法一　二〇〇〇円

ポートフォリオが日本の大学を変える
―ティーチング/ラーニング/アカデミック・ポートフォリオの活用　土持ゲーリー法一　二五〇〇円

ティーチング・ポートフォリオ―授業改善の秘訣　土持ゲーリー法一　二〇〇〇円

ラーニング・ポートフォリオ―学習改善の秘訣　土持ゲーリー法一　二五〇〇円

「主体的な学び」につなげる評価と学習方法
―カナダで実践されるICEモデル　S・ヤング&R・ウィルソン著　土持ゲーリー法訳　一〇〇〇円

主体的な学び　創刊号　主体的な学び研究所編　一八〇〇円

主体的な学び　2号　主体的な学び研究所編　一六〇〇円

主体的な学び　3号　主体的な学び研究所編　一六〇〇円

主体的な学び　4号　主体的な学び研究所編　二〇〇〇円

主体的な学び　5号　主体的な学び研究所編　一八〇〇円

主体的な学び　別冊　高大接続改革　主体的な学び研究所編　一八〇〇円

〒113-0023　東京都文京区向丘1-20-6　TEL 03-3818-5521　FAX03-3818-5514　振替 00110-6-37828
Email tk203444@fsinet.or.jp　URL:http://www.toshindo-pub.com/
※定価：表示価格（本体）＋税